抖音运营

蓝V攻略
爆款内容
品牌营销
落地应用

袁国宝◎著

中国经济出版社
CHINA ECONOMIC PUBLISHING HOUSE
·北京·

图书在版编目（CIP）数据

抖音运营：蓝V攻略·爆款内容·品牌营销·落地应用／袁国宝著.
--北京：中国经济出版社，2020.1（2020.4重印）
ISBN 978-7-5136-5893-5

Ⅰ.①抖… Ⅱ.①袁… Ⅲ.①网络营销 Ⅳ.①F713.365.2

中国版本图书馆CIP数据核字（2019）第201651号

责任编辑 张梦初 戴 瑛
责任印制 巢新强
封面设计 水玉银

出版发行 中国经济出版社
印 刷 者 北京力信诚印刷有限公司
经 销 者 各地新华书店
开 本 710mm×1000mm 1/16
印 张 18.5
字 数 220千字
版 次 2020年1月第1版
印 次 2020年4月第2次
定 价 58.00元
广告经营许可证 京西工商广字第8179号

中国经济出版社 网址 www.economyph.com 社址 北京市西城区百万庄北街3号 邮编 100037

本版图书如存在印装质量问题，请与本社发行中心联系调换（联系电话：010-68330607）

Preface
前言

几年前，微博、微信的崛起为中国数亿网民打开了一个通往社交新世界的大门，一批富有激情与活力的自媒体创业者和企业借此脱颖而出，实现物质财富和社会地位的双丰收。但目前，微博、微信流量的红利期已过，创业者和企业想要再复制“造富神话”变得非常困难，而抖音的崛起为企业掘金移动互联网时代提供了一种全新的思路。

初期，抖音对自身的定位是“专注年轻人的15秒音乐短视频社区”，仅用两年时间便成长为日活跃用户1.52亿人、月活跃用户超过3亿人的现象级应用。在此之前，国内移动互联网产品中日活跃用户能够达到1.5亿人的应用产品基本都属于BAT。进入成熟期之后，抖音将自身定位调整为“表达自我，记录美好生活”的短视频分享平台。平台定位的调整驱动抖音变得更为包容、开放，对用户体验更为重视，使明星达人、品牌商及企业的赋能能力持续提升。

目前，“双微一抖”成为企业新媒体运营的标配，特别是处于流量红利期的抖音更是备受企业青睐。随着抖音生态越发完善，抖音运营价值也逐渐得到充分体现。例如，顶级抖音达人发布一条定制短视频报价几十万元，宝骏汽车凭借趣味动画短视频背景音乐《宝骏360真的刚刚好》引发口碑效应，吸引超过27万用户使用该背景音乐创作短视频，累计播放量达7.9亿人次。

在媒体、资本、创业者、品牌主、平台方等各路玩家的联合推动下，抖音运营被推向前所未有的热度。随着抖音淘金客蜂拥而至，市场竞争愈演愈烈。对于运营者而言，想要在竞争激烈的市场环境中有所建树，绝非易事。

从本质上看，抖音运营的商业价值并非是为企业提供一种向亿级用户推广产品或品牌的新渠道，而是让企业可以用一种更接地气、更具冲击力和信任度的交互方式来赢得用户的认可，并与之建立强有力的链接。在此基础上，企业可以延伸、带动其他服务模式，进一步增强自身的盈利能力。

《抖音运营：蓝V攻略·爆款内容·品牌营销·落地应用》是一本深入浅出地介绍抖音运营的工具书，也是一本系统阐述企业制定抖音运营策略的指导书。本书将抖音运营分为产品运营篇、蓝V攻略篇、爆款内容篇、品牌营销篇、落地应用篇五大部分，从入门级的抖音崛起背景、产品特性、算法机制、盈利模式，到基础级的申请入驻、视频制作、需求挖掘，再到进阶级的爆款打造、抢占心智、资源整合，之后到高手级的品牌裂变、模型与体系搭建、精准引流、高效转化等，都能在本书中找到答案。

（1）产品运营篇：重点讲述在短视频消费成为时下年轻用户主流休闲方式的背景下，抖音如何凭借出色的产品设计、强大的用户运营等重构短视频社交新格局，带你厘清抖音运营的底层逻辑。熟练掌握这部分内容，可以保障你的运营航线不会偏离正轨。

（2）蓝V攻略篇：以抖音企业号的运营为主线，深刻剖析了抖音企业号的入驻流程、主要功能和权益、用户画像、流量运营、实战技巧，结合屈臣氏、老码头、黑山谷、成都吃客、花漾庭院等品牌的运营实战案例，分析了如何利用抖音POI打通实体门店的营销闭环，以及政务媒体人的抖音运营之道，对那些想要运营抖音企业号的个体与组织，可以起到有效的指导作用。

（3）爆款内容篇：分析了打造抖音爆款内容的全流程与实操技巧。具体包括需求洞察、内容分析、内容规划、引流变现、运营效果考核、内容生态建设，同时，以抖音与携程合作为切入点，详细解读了抖音爆款IP的运营策略，对那些打算做或刚开始做抖音运营的读者，特别是对抖音内容运营感到无从下手或内容创新陷入瓶颈的读者很有效果。

（4）品牌营销篇：重点关注如何破译品牌抖音营销价值，如何最大限度地挖掘抖音营销价值。具体包括营销路径、营销技巧、创意法则、投放策略、有效转化，列举了小米、支付宝、vivo、必胜客、adidas neo、答案茶等品牌抖音营销经典案例，帮助读者消化理解品牌抖音营销理论知识、掌握品牌抖音营销方法论。

（5）落地应用篇：系统介绍了抖音运营在电商、餐饮、汽车、影视、旅游等行业的落地应用，旨在帮助相关从业者快速建立起对抖音运营的认知体系，对创业者和企业如何利用抖音连接目标用户、助力品牌建设、完成流量变现，提出行之有效的解决方案。

除此之外，读者还必须知道，在如今这个信息爆炸、广告泛滥的时代，抖音运营想要取得成功，核心在于细分市场、聚焦用户，将运营重点和精力集中到高价值客群，用更具情感与温度的短视频内容感动用户，延长用户生命周期，刺激重复购买，实现口碑传播。

Contents

目录

Part 1　产品运营篇　/ 1

第1章　抖音时代：重构短视频社交新格局　/ 3

抖音崛起：引领短视频消费升级　/ 3

产品体验：内容驱动的精细运营　/ 6

算法机制：引爆流行的底层逻辑　/ 9

盈利模式：抖音变现的主要渠道　/ 12

第2章　设计路径：现象级产品的诞生逻辑　/ 16

Step1：满足用户消磨时间的需求　/ 16

Step2：有效触发用户的使用动机　/ 18

Step3：持续激励让用户产生依赖　/ 20

Step4：培养用户的产品使用习惯　/ 23

第3章　用户运营：引爆用户的指数级增长　/ 25

用户闭环：四个环节构建用户池　/ 25

内容闭环：优质内容的持续输出 / 28
消费闭环：精准匹配用户与内容 / 29
内部运营与外部运营的主要策略 / 31

Part 2 蓝V攻略篇 / 35

第4章 蓝V生态计划：引领企业营销变革 / 37
蓝V生态：全新的企业营销阵地 / 37
营销体系：抖音企业号四大功能 / 40
申请入驻：蓝V认证的流程步骤 / 44
平台赋能：蓝V账号的七大权益 / 47
用户画像：蓝V企业号运营分析 / 52
第5章 运营攻略：如何做好抖音企业号 / 55
运营模型：抖音企业号运营进阶 / 55
产品思维：运营人员的必备技能 / 58
流量运营：吸粉引流的实战技巧 / 61
实战攻略：企业号运营操作方法 / 64
【案例】抖音企业号运营实践与启示 / 66
第6章 抖音POI：打造线下门店的营销闭环 / 72
案例1：实现门店信息的精准推送 / 72
案例2：打通线上线下的消费闭环 / 75
案例3：借话题势能促进用户转化 / 77
案例4：强化用户参与感和互动性 / 79

第7章　政务抖音号：政务新媒体运营策略　/83
政务新媒体：打造现代传播能力　/83
政务抖音：重塑社会治理新模式　/88
内容生态：政务服务模式多元化　/92
功能呈现：有效激发社会正能量　/95

Part 3　爆款内容篇　/99

第8章　内容为王：低成本打造抖音流量池　/101
推荐机制：衡量内容效果的指标　/101
基础操作：视频制作与优化技巧　/104
挖掘需求：用户关注背后的动机　/107
内容品牌：营销转化的实战技巧　/112
平台战略：抖音内容生态的探索　/116
第9章　内容制作：抖音短视频的拍摄技巧　/119
抖音短视频拍摄的具体操作步骤　/119
抖音短视频内容制作的实战技巧　/122
抖音短视频特效的制作技巧方法　/124
抖音短视频内容制作的注意事项　/127
第10章　内容运营：爆款内容实战操作指南　/130
内容分析：抖音爆款的七大类型　/130
内容规划：明确内容运营的方向　/133
内容运营：确保与品牌深度融合　/136
内容引流：提升持续吸粉的能力　/139

内容变现：粉丝转化与带货技巧 / 141
第11章 携程+抖音：爆款IP的运营方法论 / 144
超级爆款：跨界融合的裂变效应 / 144
强势入口：构建旅游消费的闭环 / 147
内容共建：满足用户的体验需求 / 149
资源整合：携程与抖音相互导流 / 151

Part 4 品牌营销篇 / 155
第12章 流量洼地：抖音重新定义品牌价值 / 157
品牌裂变：开启内容营销新生态 / 157
营销路径：蓝V企业的三大类型 / 160
品牌攻略：蓝V企业的营销技巧 / 163
竖屏思维：品牌广告的创意法则 / 167
【案例】支付宝：借助幽默搞笑实现品牌推广 / 172
第13章 营销赋能：品牌如何玩转抖音营销 / 175
明确定位：精准对接用户的需求 / 175
抢占心智：打造人格化IP五步法 / 178
运营实战：抖音品牌营销的策略 / 184
有效转化：挖掘产品卖点与优势 / 187
【案例】小米：基于抖音的品牌营销策略 / 190
第14章 精准投放：抖音品牌广告运营策略 / 194
智能投放：抖音的广告投放机制 / 194
广告运营：精准投放的主要形式 / 197

投放策略：有效提升品牌曝光度　/ 201

有效互动率：优化广告投放效果　/ 204

【案例】达人广告：粉丝经济下的商业变现　/ 207

第15章　vivo+抖音：让品牌沟通更酷更时尚　/ 212

品牌年轻化：精准锁定市场受众　/ 212

推广多元化：吸引粉丝用户参与　/ 214

内容娱乐化：年轻化的品牌沟通　/ 216

Part 5　落地应用篇　/ 219

第16章　抖音+电商：开启社交电商2.0时代　/ 221

抖音电商：探索社交电商新模式　/ 221

逻辑战略：电商布局背后的野心　/ 224

智能推荐：刺激用户的购买欲望　/ 228

内容电商：实现内容的流量转化　/ 230

第17章　抖音+餐饮：引爆门店流量的策略　/ 234

哪些餐饮品牌不适合抖音营销　/ 234

内容：餐饮品牌的内容创作技巧　/ 237

运营：低成本、高曝光的实战攻略　/ 239

营销：餐饮品牌引流转化的策略　/ 242

第18章　抖音+旅游：如何做好旅游业的抖音营销法　/ 246

优质内容：旅游营销成功的基石　/ 246

深度交互：唤醒用户身份认同感　/ 248

BEST法则：旅游爆款的四大元素　/ 250

营销启示："抖音+旅游"实战策略 / 252
【案例】旅游城市的抖音品牌营销战略 / 254
第19章 抖音+影视：短视频时代的营销进阶 / 257
泛娱乐时代的影视营销模式升级 / 257
抖音影视营销的主要优势与价值 / 260
基于抖音短视频的影视营销策略 / 264
【案例】"抖音+影视"模式的探索与实践 / 267
第20章 抖音+车企：汽车营销玩出"抖音范" / 270
战略布局：构建汽车营销闭环体系 / 270
抖音范：口碑视频化营销阵地 / 273
从内容角度看抖音范汽车营销 / 275
【案例】宝马：打造汽车品牌营销典范 / 278

Part 1

产品运营篇

第 1 章

抖音时代：重构短视频社交新格局

抖音崛起：引领短视频消费升级

抖音是今日头条旗下可以拍摄短视频的音乐创意短视频社交软件。该软件于2016年9月上线，创建了一个面向年轻人的15秒音乐短视频社区。用户可以自主选择背景音乐，拍摄15秒的音乐短视频，形成自己的作品，上传到抖音账号，还可以与其他用户互动。此外，抖音还为用户提供了一些技术类功能，如慢镜头、闪一下等特效，视频编辑，拍摄快慢等，让用户可以创造性地制作短视频，不再是简单地对口型。

特效、创意、动感的歌曲与舞蹈本身就对年轻人有着极强的吸引力，再辅之以说唱、二次元、电音、激萌等元素，抖音在极短的时间内“俘获”大批粉丝。再加上今日头条的支持，凭借《中国有嘻哈》的热度，抖音迅速脱颖而出。

2018年11月8日，字节跳动高管张辅评在乌镇世界互联网大会上分享了抖音运营数据，截至2018年10月，抖音国内日活跃用户（DAU）突破2亿，月活跃用户（MAU）突破4亿，并继续保持高速增长；抖音海外版TikTok在很多国家实现了突破性增长，国际化进程比较顺利。

目前，国内拥有亿级流量的App产品大多被中国互联网三大巨头（BAT）控制，抖音能够在夹缝中生存并迅猛崛起，必然在运营管理方面有其独到之处。

◆短视频消费升级时代来临

抖音并非国内第一款短视频产品，甚至在手机刚出现时，就有创业者想要开发短视频产品。短视频制作工具类产品小影、主打明星PGC内容的短视频平台秒拍、主打UGC内容的短视频社区快手、腾讯复活的短视频社交类产品微视等都是抖音的竞争对手。

早期，由于技术、用户流量成本等因素的限制，短视频产品在内容呈现形式方面主要以低像素的横屏内容为主。而那些想要打破常规，企图通过大幅提升画质和特效实现差异化的玩家，往往受高昂的运营成本所累被淘汰出局。

进入移动互联网时代后，短视频技术快速发展，流量成本不断下降，使上述局面被打破。与此同时，“90后”乃至“95后”成为互联网的主流用户，这些用户对小而美的内容尤为青睐。而抖音在上线之初便鼓励用户分享竖屏高清短视频内容，由于这类内容更符合用户观看习惯，具有更好的用户体验，从而迅速吸引了大量用户关注。

◆音乐才是短视频产品的滤镜

进入移动互联网时代后，信息传播载体变得极为丰富，文字、图片、音频、视频乃至直播都能快速高效地传播各种信息。在图文时代，为了增强图片传播力，美图、足记等平台开发了方便快捷的滤镜、修图等实用工具，积累了大量忠实用户。

进入短视频时代后，媒体技术快速发展，图文时代的滤镜、修图等工具成为媒体平台的标准配置，已经不足以让短视频平台实现差异化运营。在这种情况下，音乐为解决这一问题提供了新思路。

年轻人是在线音乐用户主力军，音乐在增强短视频内容表现力方面具有非常积极的影响。在发展初期，抖音将自身定位为“专注于新生代的音乐短视频社区”，凭借多款“魔性”神曲赢得了上千万年轻用户的支持。

事实上，抖音平台的内容并不完全是传统意义上的视频内容，部分由连续播放的静态图片构成的短视频内容，搭配合适的背景音乐，同样可以成为用户关注的焦点。

与此同时，优秀的背景音乐也能为用户带来更多的创意和灵感，激发用户分享、传播短视频内容的冲动。实践证明，一款优秀的背景音乐可以让多种短视频内容释放能量，增强吸引力，这就为抖音创建内容社区提供了可能。

◆内容差异化：持续吸引用户

如果抖音满足于高清竖屏内容、优秀的背景音乐所带来的成绩，乐享其成、止步不前，那么极有可能成为足记、小咖秀一类的工具类产品。但抖音并没有如此。为开展差异化运营、迈向一个更高的台阶，抖音开始尝试建立社区。而社区的创建需要做好两点，一是培养自己的意见领袖，二是形成独特的平台文化，只有这样才能沉淀一批具有较高活跃度的忠实用户。

虽然抖音的用户规模保持快速增长，但这并未让抖音放松对内容质量的把控。抖音投入大量资源引导用户输出高质量的差异化内容，并引入今日头条的智能算法让这种内容得以广泛传播，帮助大量草根用户成长为自带流量的明星达人。

明星达人通过广告代言积累了可观的财富后，产生强大的示范作用，刺激更多的内容生产者入驻抖音，输出优质内容。随着优质内容越来越多，用户可以在抖音平台快速找到自己感兴趣的内容，从而延长在平台的停留时间，与其他志同道合的用户沟通交流，形成多种社群，最终形成抖音社区。

产品体验：内容驱动的精细运营

在国内领先的音乐短视频社交平台上，用户可以自由选择音乐，根据音乐表演舞蹈、展示技能、进行剧本模仿、表达情感等，将这些内容以一个时长不超过15秒的短视频呈现出来，创作一个属于自己的作品。

◆产品特色：以优质内容为导向

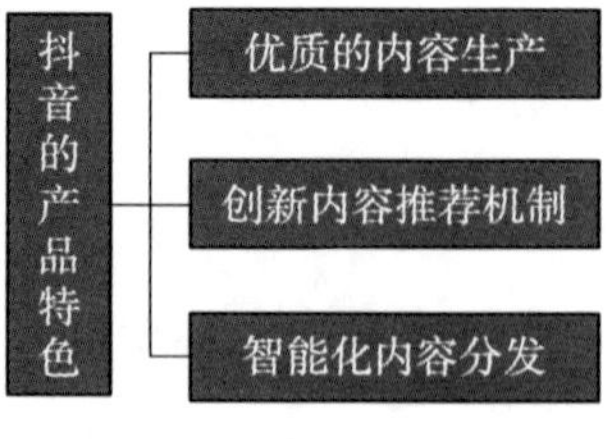

图1-1　抖音短视频的产品特色

（1）优质的内容生产。

抖音短视频以音乐和潮流为定位，内容审核非常严格，为了能持续不断地生产优质内容，形成一个健康、可持续的内容生态，抖音短视频签约了很多优质的网络达人，不定期推出各种挑战赛，引导更多用户参与内容生产。凭借这种方法，抖音成功地保证了平台上的优质内容层出不穷。

（2）创新内容推荐机制。

抖音创新了内容推荐方式，没有设置播放目录、视频菜单，不支持快进、倒退，只有振奋人心的背景音乐、强大的智能推荐功能和未知的精彩内容。抖音不支持用户选择，只支持用户不断地滑动屏幕，播放下一条视频。这种方式不仅没有引发用户反感，反而让用户沉迷其中，吸引用户不断探索未知的精彩。

（3）智能化内容分发。

抖音借助智能推荐算法与人工精选相结合的内容推荐模式，为用户推荐符合其兴趣偏好的内容。在这种模式下，用户不仅能接收到所关注的内容生产者的作品，还能获得更多其他优质内容。

◆产品运营：精细化运营管理

（1）平台运营。

抖音短视频注重平台理念建设，几乎所有内容都能看到抖音“记录美好生活”的产品理念，使用户对抖音平台的价值观认同得以进一步强化。抖音短视频不仅满足用户闲暇时间的娱乐需求，还增进了内容生产者、内容消费者、粉丝之间的互动。

（2）用户运营。

对用户群进行细分，利用不同风格的短视频吸引有着不同兴趣、爱好的用户，将这些用户聚集在一起形成社群，进一步增进内容消费者、内容生产者、粉丝之间的交流互动，辅以对消费者消费意向的挖掘，实现商业价值。

（3）内容运营。

在内容方面，抖音平台为内容生产者提供音乐和短视频制作工具，内容生产者选择合适的音乐与工具创作短视频。需要注意的是，现阶段，抖音平台出现了很多IP创作者，他们与普通签约自媒体作者不同，已经构建了自己的商业闭环。

在抖音平台，有些IP创作者会从专业角度解说电影与书籍。有些IP创作者会在展示不同行业技能的同时开展营销互动，如一边展示书法作品，一边售卖文具；一边教授吉他，一边推广吉他收费课程；一边展示办公软件使用技巧，一边推销模板等。有些IP创作者会发布街头娱乐采访短视频。除此之外，抖音还吸引了很多企业与政府机构入驻，如某公安部门在抖音平台上传服务型短视频，发布A级通缉令。从这方面看，抖音对社会秩序高效化产生了一定的推动作用。

经过一轮又一轮的产品打磨与功能优化，抖音短视频的应用场景变得越发丰富，短视频拍摄门槛越来越低。为了激发用户的创作热情，抖音短视频推出了更多新玩法，还邀请明星、达人参与。近年来，抖音短视频开始全屏投放商业广告，鼓励用户创造性地生产内容，为用户提供更多入选“精选”的机会。

除此之外，抖音平台还发起了很多线下交流活动，如“IDOU夜周年庆”“城市嗨趴”等，进一步提升了抖音短视频的曝光度，为内容生产者提供了更多与内容消费者、粉丝交流互动的机会，为其提供了创作更多优质短视频内容的条件。

算法机制：引爆流行的底层逻辑

几年前，微博、微信的崛起为国内广大网民提供了拓展线上社交关系网的绝佳渠道，而庞大的流量也反哺平台，为平台的商业拓展提供了无限可能。近两年，短视频行业迎来爆发式增长，造就了抖音这一国内互联网领域的入口级平台。短视频平台通过绘制目标受众的精准画像，实时推送符合其个性化需求的内容，持续积累忠实用户，实现可持续增长。

流量变现和内容变现是推动短视频行业发展的两大重要驱动力。优质内容引流——流量吸引资本——资本支持内容生产，是短视频变现的基本逻辑。无论短视频市场发展到哪一阶段，流量始终是核心构成要素。腾讯、百度、阿里等互联网巨头在资金、流量等方面拥有创业公司和中小企业难以企及的优势，它们可以不计成本地尝试各种新产品。

抖音是一个很容易让人产生高度依赖的平台，虽然单个视频时长较短，但内容很容易让用户沉浸其中。用户打开抖音之后，不知不觉几个小时就过去了。正是看到了这一点，内容创业者、品牌方、企业开始入驻抖音，将抖音视为新的营销阵地。人们之所以对抖音依赖度高，主要是因为抖音具备以下两个特质。

（1）从行业发展环境来看，文字、图片消费时代正在向视频消费时代升级，用户越来越倾向于通过观看视频获取内容，接收信息。

（2）抖音解放了用户的内容生产力。过去，视频创作门槛极高，拍摄、剪辑、发行等过程非常复杂。抖音的出现在很大程度上降低了视频制作门槛，用户可以在抖音平台自由选择工具制作视频，一键上传。

总而言之，抖音之所以备受用户喜爱，首要原因就是操作简单，用户打开抖音就能看到内容。其次，抖音创建了实时反馈机制，用户可在观看视频的过程中在评论区留言，实时发表自己的意见与建议。最后，抖音能带给用户一定的成就感，如果发布的内容广受好评，内容生产者就会备受鼓舞。只需付出极少的时间就能快速得到激励，是抖音让人高度依赖的主要原因。

另外，抖音的内容分发机制也非常特别。抖音通过算法对内容进行分发，能为用户提供符合其喜好与需求的优质内容。在投放节奏方面，抖音会对用户的兴奋点进行区隔，不会连续为用户推送同一类型的内容。抖音与那些中心化的平台不同，中心化平台的内容投放不会考虑用户的喜好，相比之下，抖音这种根据用户喜好投放内容的机制更令人依赖。

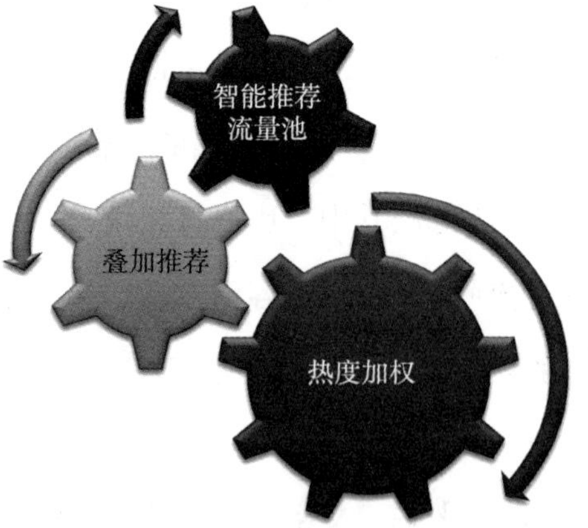

图1-2　抖音的算法推荐机制

◆智能推荐流量池

抖音每天都会新增数以万计的短视频内容，而想要将这些内容精准推送给有需求的目标用户，并非一件易事。为了确保用户不会被不感兴趣的内容骚扰，抖音先随机为每个短视频分配一个较小的流量池，然后对短视频的播放量、点赞量、转发量、评论量等数据进行分析，筛选出用户关注度较高的短视频，并将其投入高一级的流量池。之后再对播放量等数据进行分析，根据分析结果对短视频进行筛选，经过多次筛选后，留在较大流量池中的内容就是精品内容。当用户打开抖音时，智能算法就会根据用户观看记录等数据，从智能推荐流量池中筛选用户可能感兴趣的内容推送给用户。

◆叠加推荐

在通常情况下，抖音会为所有新视频智能分发100人次的播放量，当转发量等数据达到一定标准时，智能算法便会为该视频叠加推荐更多流量。例如，当转发量达到100次时，智能算法会叠加推荐至1万；当转发量达到1000次时，智能算法会叠加推荐至10万；当转发量达到1万次时，智能算法会叠加推荐至100万……

当然，叠加推荐并非只关注转发量指标，而是对点赞量、评论量、转发量、完播率等数据进行加权。不同梯级的权重存在一定差异，当短视频各指标加权得分达到一定量级后，抖音会采用人工与智能算法相结合的方式对该内容进行推荐。

◆热度加权

抖音智能算法为短视频设置了热度指标。目前，抖音的热度指标主要包括转发量、评论量和点赞量，所占权重从左向右依次降低。与此同时，热度权重会对新内容有所倾斜。通常情况下，一条爆款抖音短视频持续热度不会超过一周。当然，有大量用户模仿的抖音短视频的生命周期会更长。当短视频内容的热度加权达到一定量级时，就可以进入抖音的推荐板块，从而获得几十万甚至上百万的曝光。

盈利模式：抖音变现的主要渠道

目前，主流的短视频变现方式包括广告、内容付费（如打赏、会员制等）、内容电商等。其中，广告收入是短视频平台的核心盈利渠道。在"互联网内容免费"的背景下，短视频平台想要通过内容付费实现盈利非常困难。为了抢占短视频这一重量级线上入口，各大短视频企业已经掀起了新一轮资本战，即通过融资获取充足的资金，补贴头部内容生产者、进行品牌建设，借此提升市场竞争力。

内容是短视频平台的核心竞争力，如果缺乏优质内容，用户很难对平台形成较高的忠实度，即便平台投入大量资金投放各种广告，也很难实现可持续增长。但在竞争日趋白热化的短视频市场上，短视频企业想要吸引媒体、资本及目标用户关注，投入大量资金投放线上、线下广告又是必然选择。

就抖音平台而言，其变现方式主要包括以下几种（见图1–3）：

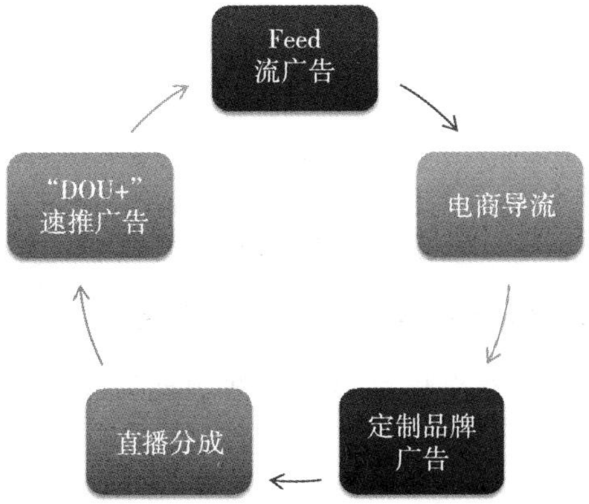

图1-3 抖音平台的"变现方式"

◆Feed流广告①

抖音的Feed流广告不仅借鉴今日头条的做法，通过算法匹配用户，还做了一些更有意思的尝试。

（1）抖音的Feed流广告通过A/B Test②确定广告按钮长度。迄今为止，抖音平台广告的转化按钮长度几经变化，从最初的大小转变为通栏长度，进而转变为现在的样式，这些变化遵循了同一种思路——A/B Test，也就是通过测试不断对按钮长度进行优化，从而找到点击率最高的按钮长度。

（2）用随机变色按钮激发用户的好奇心。抖音Feed流广告的按钮起初是透明色，几秒之后会变成不同的颜色，如第一个广告按钮会变成蓝色，第二个广告按钮会变成橙色，利用颜色变化激发用户的好奇心，增加用户观看广告的时间。

---

① Feed 流广告，指的是在发布的消息之间插入的一种广告形式。
② A/B Test 是一个用于在线测试的常规方法，用于测试新产品或新功能。

◆电商导流

商家可通过短视频将用户引向商品销售页面。

2018年10月，今日头条推出了自己的购物App“值点”，但因为抖音的目标用户群体与值点的目标用户存在较大差异，再加上值点App刚上线，仍处在试用阶段，不适合大规模导流，所以抖音平台将大部分流量导向天猫与淘宝，借此变现。

◆定制品牌广告

抖音账号粉丝量达到10万以上的用户，可以通过为品牌代言实现流量变现。现阶段，成为品牌代言人并帮助品牌推广定制化的营销内容，是抖音达人较为主流的变现方式。在这种方式下，品牌可以根据时长付费，也可以根据转化率付费。

在实践中，抖音达人可以通过将产品或品牌巧妙地植入短视频，或者在直播中直接展示，使产品获得较高的曝光量，为企业品牌建设及产品销售提供助力。当然，抖音达人还可以为品牌定制精品短视频，例如，将产品或品牌植入场景剧中，让用户观看内容的同时，在不知不觉中对产品或品牌产生记忆，从而帮助企业达成营销目标。

◆直播分成

粉丝为主播赠送虚拟礼物是直播平台的一项重要利润来源。所以，粉丝赠送礼物功能已经成为直播平台的标配，抖音也不例外。抖音平台上的主播可以从粉丝赠送的虚拟礼物中获得一定的分成。不过，想要通过直播分成进行流量变现，主播必须持续为观众提供优质内容，这绝非一件易事。网络达人的生命周期普遍较短，很大程度上就是因为他们缺乏持续生产优质内容的能力。

◆ “DOU+”速推广告

“DOU+”速推是抖音新上线的一种广告形式，可投放到某一特定的视频中，而且可以通过移动端进行操作。“DOU+”为企业开展内容营销提供了有效支持，为企业提供了更精准、更原生、更具互动性的服务。“DOU+”速推广告的投放方式大致有以下三种：

（1）基础定向投放，即向特定区域、年龄、性别的人群投放。

（2）向特定账号的粉丝用户投放。

（3）向附近的商圈投放。

第 2 章

设计路径：现象级产品的诞生逻辑

Step1：满足用户消磨时间的需求

与今日头条一样，抖音具备让用户消磨时间的特质。在消磨时间产品的打造方面，腾讯始终独占鳌头，微信、QQ等社交工具，王者荣耀、和平精英（原绝地求生）等游戏，都消磨了用户大量时间。对这些产品进行拆解、分析，我们发现设计一款让用户高度依赖、消磨用户时间的产品需要经历四个阶段，具体分析如下。

现实生活中有很多不尽如人意的事情，这些事情总会让人产生不良情绪，如孤独、沮丧、厌倦、困惑、灰心丧气等，为排解这些不良情绪，人们会主动采取一些措施。消磨时间的产品就是人们排解不良情绪最常使用的工具。

与消磨时间的产品对应的是节省时间的产品，很多人既是消磨时间产品的用户，也是节省时间产品的用户，只是分配给这两类产品的时间不同而已。事实上，很多产品也是如此，既具有消磨时间的属性，也具有节省时间的属性，至于定义其属于哪种类型的产品，关键取决于使用者使用产品的目的。在大多数情况下，让用户依赖的产品都是消磨时间的产品。

消磨时间的产品满足了人的本性，产品价值的大小、产品使用动机的强弱在很大程度上取决于产品功能激发出来的人的本能的程度。微信、抖音等消磨时间的产品都满足人们的本性需求，如社交、八卦、游戏等。如果用一句话对消磨时间的产品进行概括，就是本能情绪下的快乐满足。

节省时间的产品满足人们对效率的追求，产品价值的大小、产品动机的强弱取决于产品功能对效率的提升程度，如产品功能提升了供应链的供需效率、企业的协作效率、知识的应用效率等。如果用一句话对节省时间的产品进行概括，就是冗余环节的效率提升。

消磨时间的产品与节省时间的产品没有严格的界限，有的产品只具备消磨时间的属性，有的产品只具备节省时间的属性，有的产品兼具了两种属性。例如，抖音只具备消磨时间的属性；钉钉、阿里云只具备节省时间的属性；微信既消磨时间，又节省时间，同时具备两种属性。

从用户的角度看，纯粹消磨时间的产品更容易引发其兴趣，令其投入大量时间。但用户的年龄不同、性别不同、工作性质不同、社会地位不同，对消磨时间产品的依赖程度也不同。其中，年轻用户由于时间充裕，希望释放人性、张扬个性，愿意主动尝试并传播新鲜事物，被很多消磨时间的产品定义为目标用户群体。

Step2：有效触发用户的使用动机

人们因为想满足自己的人性需求产生了使用产品的动机，但从动机转化为行动还需具备使用能力。要想降低产品的使用门槛，提高用户的使用能力，必须简化产品操作流程。一般来讲，用户使用一款产品大致要付出六种成本（见图2–1），如果降低这些成本，就能提升用户对产品的使用能力。

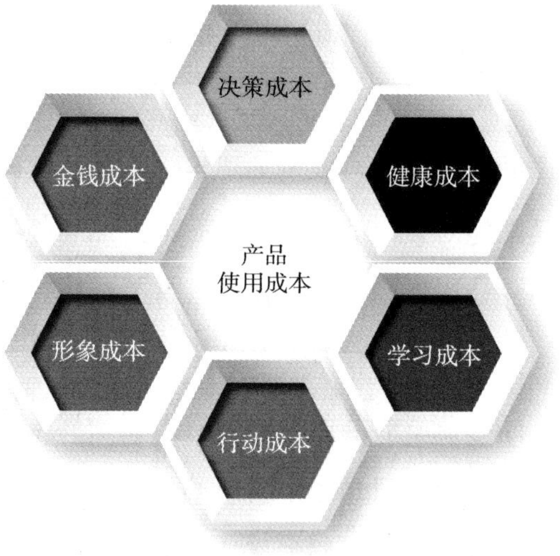

图2–1　产品的使用成本

（1）金钱成本。降低金钱成本最常用的策略就是免费、低价，当然也有例外。如LV、香奈儿等产品就是以高价吸引用户，受到用户追捧。

（2）形象成本。爱美是人之天性，苹果手机的设计、抖音的美颜功能都降低了形象成本，提高了产品使用能力。

（3）行动成本。用户拍摄抖音短视频不仅要投入大量时间拍摄，有些内容还需付出体力，如舞蹈类内容等。如果抖音可以简化视频拍摄过程，一个视频匹配多个特效，提高视频拍摄效率，降低行动成本，就能吸引更多人使用产品。

（4）学习成本。除行动成本外，用户使用产品还要投入大量时间与脑力，付出一定的学习成本，其中最典型的就是使用硬件产品要阅读晦涩难懂的产品使用说明书。

（5）健康成本。害怕死亡也是人类的本能。人类使用不健康的产品要付出健康成本，如吸烟、喝酒，有时还要付出形象成本。为了驱动人们使用产品，产品要尽量降低健康成本。

（6）决策成本。用户决定使用一款产品要综合考虑很多因素，如第三方测评、购买者评价、明星达人推荐等。为提高产品的使用能力，就要降低产品的决策成本。

提高用户使用产品的动机，除降低上述六种成本之外，还可以对产品进行限量发售，创造不同的使用场景，开展打折促销活动。例如，小米手机就采用限量发售的方式，新品上市经常吸引大量消费者购买；为提高产品销量，很多产品都会参加聚划算等打折促销活动；为提升内容阅读量，很多自媒体都对用户的阅读场景做了定位，就是晚上10点用户躺在床上之后，会选择在这个时间段推送文章。

Step3：持续激励让用户产生依赖

◆让用户对产品产生依赖的激励手段

用户对某一产品高度依赖会表现出以下特点：单次使用产品的时间长，产品使用频率高。如果用户对某个产品表现出这两个特点，就说明用户对产品的某些功能产生了依赖。为了让用户对产品产生依赖，产品可对用户进行持续激励，激励的方式有以下三种。

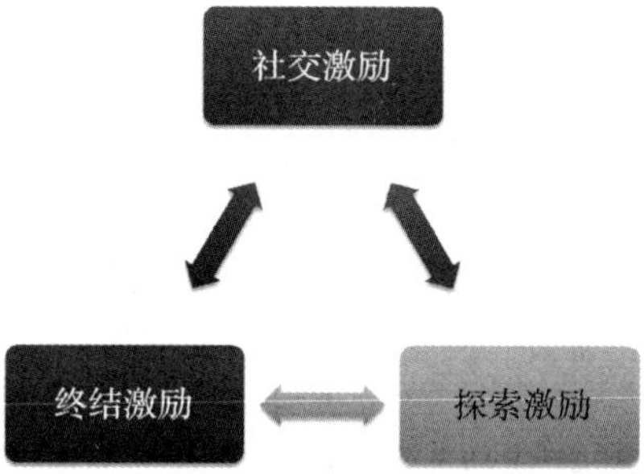

图2-2　用户激励的三种方式

（1）社交激励。人类是一种群体性动物，与他人交流、互动是与生俱来的需求，只有与他人互动才能使人被接纳、被认可、被尊重、被喜欢的需求得到满足。微信就是通过社交激励让用户产生依赖。

（2）探索激励。人天生喜欢探索，这种心理可能来自狩猎时代追捕猎物的欲望。今日头条、抖音消磨用户时间就使用了探索激励，这两款应用不断向用户推送信息，用户只要向下滑动永远能发现新的感兴趣的内容，始终不舍得离开。

（3）终结激励。终结激励建立在人的强迫感的基础上。例如，一款没有通关的游戏，一款App上尚未阅读的信息等，都会吸引用户再次打开应用，直至任务完结。

激励设计还有两种方法可以使用：一是已知的可变激励；二是未知的可变激励。

★已知的可变激励，如朋友圈点赞，激励方式已知，用户追求的是激励人数的增加。

★未知的可变激励，如游戏的随机奖励，因为奖励内容未知，所以用户会不断地对游戏进行探索。抖音也是如此，因为之后的内容未知，所以用户会不断下滑，希望发现新的有价值的内容，从而获得内容奖励。

◆抖音激励机制背后的运营策略

图2-3 抖音的激励运营策略

（1）动机：在全民娱乐时代，"90后""00后"爆发了庞大的娱乐需求，这种需求主要体现在两个方面：一是取悦自己；二是提升自己的知名度，打造个人IP。抖音正是面向这部分年轻群体，通过短视频、个性化推荐、音乐等方法满足他们追求潮流、渴望表现自我、喜欢玩乐的需求。

（2）引导：抖音曾在一次改版中将首页的“新鲜”更改为“附近”，宣传语更改为“发现身边有趣的人”，以此鼓励用户使用这一功能，发现身边的达人，强化了产品的社交属性。同时，在这一功能的作用下，抖音达人在其所处区域的曝光量大幅增长。

从这个层面来说，“附近”功能属于抖音平台的一种流量分发机制。抖音平台通过优质的短视频吸引用户，在用户自我筛选、首页推送机制的作用下，使内容、内容生产者、内容传播者之间建立更加密切的联系。

（3）参与：为增强视频的美观性，抖音推出滤镜、美颜、贴纸等功能；为激发用户的创作激情，抖音推出很多趣味玩法，如染发、AR相机、音乐特效、尬舞机等，使视频拍摄更加有趣；为增强对达人的吸引力，抖音推出更智能的推荐机制来分发视频，使达人与潜在用户之间的互动频次大幅提升。通过一系列创新，抖音吸引了越来越多的用户参与视频拍摄与内容创作。

（4）反馈：反馈是一个非常重要的环节，只有良好的反馈才能激励用户持续不断地生产内容，所以，抖音平台致力于为用户提供更快、更好、更多的反馈。这里的“好”指的是反馈与用户有关，拥有价值高、多样化、独特性等特点，满足用户期待，超出用户预期，反馈效果更容易被感知等。

为了让用户得到更好的反馈，抖音平台制定了15s机制。抖音明确表示：如果视频时长短于7s，很难得到推荐。所以，短视频创作者必须保证视频时长在7～15s之间且内容精良。另外，15s的短视频更适合在移动化、碎片化的场景中使用，用户可以像刷微博一样迅速切换、浏览不同的短视频内容，增加了内容创作者曝光的机会，鼓励更多普通用户创作内容、展示自我。

（5）持续投入：抖音用户持续在该平台投入时间、精力、金钱，投入越多，黏性越强。一方面，为了规避损失，用户不会轻易离开；另一方面，出于禀赋效应，用户长时间使用某一产品会对其产生感情，并且认为这个产品更有价值。

综上所述，抖音激励机制背后蕴藏的运营策略就是通过引发潜在用户的需求，为用户持续创造期待感，辅以精准引导与评论、点赞等互动，让用户获得高价值反馈，从而吸引用户长时间地使用平台，在平台投入更多时间与精力，进而产生分享传播冲动，将平台告知亲朋好友，从而为平台带来更多新用户，形成用户增长闭环。

Step4：培养用户的产品使用习惯

产品满足用户需求，用户就会频频打开产品，在产品上投入更多时间，对产品产生依赖。这样一来，产品就要追求长期价值，让用户形成依赖循环，从而实现终极目标，让用户养成使用产品的习惯。在这种情况下，用户不仅使用产品，还会将自己的一些资源投入产品。具体来看，让用户养成产品使用习惯可采取以下五种措施。

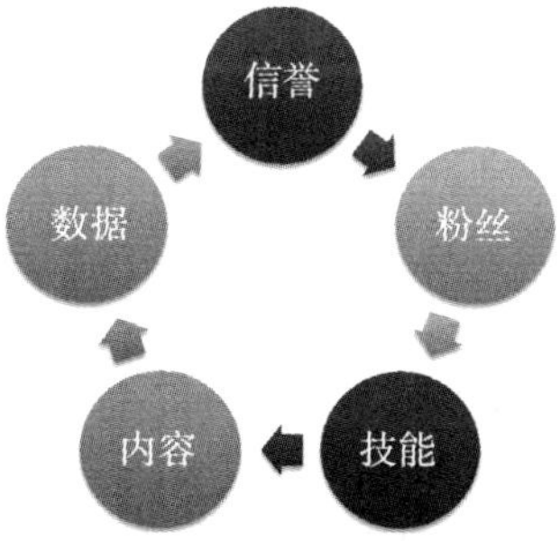

图2-4 培养用户习惯的五种措施

（1）信誉。用户长时间使用一款产品可提升自己的信誉。例如，用户长期使用淘宝，淘气值就会不断提升；用户长期使用QQ，QQ等级就会不断提升；用户长期使用抖音，就有可能成为平台大V等，为了提升自己的信誉价值，用户极有可能养成使用产品的习惯。

（2）粉丝。用户长时间使用一款产品会积累越来越多的朋友和粉丝，如用户长时间使用抖音，就能积累大批量的粉丝。在使用抖音的过程中，用户对这些粉丝进行精心维护，与粉丝建立了密不可分的关系，自然舍不得放弃。

（3）技能。用户长时间使用一款产品积累了一些技能，如用户使用PS掌握了修图技能，拍摄抖音短视频掌握了视频拍摄技能，长时间写微博文案积累了文章写作技能等，这些技能都能为用户的工作、生活带来一定的便利。

（4）内容。用户长时间使用一款产品会给自己存储一些有价值的内容，如用户在观看抖音短视频的过程中，会将一些有价值的短视频收藏起来，逐渐积累，形成一个丰富的内容库。

（5）数据。用户长时间使用一款产品会给自己积累一些有价值的数据，如用户长时间使用支付宝会积累一些账单，帮用户明确自己在某个时间段内的收支情况。

通过上述五个阶段的设计，使用户对产品产生依赖，形成长期使用产品的习惯。如此一来，用户终生价值实现了最大化，用户量与用户价值的增长逐渐成为业务数据增长的主要追求。因此，一款产品是否是好产品，关键取决于这款产品能否形成双增长模型，而判断一款产品是否是双增长产品，关键要看这款产品的设计是否满足上述五个阶段，是否让用户养成了长期使用的习惯。

第3章

用户运营：引爆用户的指数级增长

用户闭环：四个环节构建用户池

抖音App用独有的运营方式将用户吸引到自己的平台，带给用户愉悦的体验，让用户甘心停留于此，不忍离开。抖音能做到这一点，离不开优质的产品和系统、科学的运营。在运营过程中，抖音形成了三个闭环，分别是用户闭环、内容闭环、消费闭环。抖音用这三个闭环将用户留在平台，获取更多新用户，并进行商业变现。

下面，我们首先对抖音的用户闭环进行简单分析：

通过用户闭环，抖音不断重复“用户获取—用户激活—留存用户—用户推荐”的过程，形成了自己的用户池。

首先，抖音通过关系链导流、ASO（应用商店优化）、异业合作等方式获取用户。其次，抖音通过为用户提供优质的内容与产品体验激活用户，让用户对产品价值有所感知。再次，抖音通过为用户推荐符合其需求与喜好的内容留住用户，完成用户池构建。最后，抖音鼓励用户池中的用户向亲朋好友推荐优质内容，从而获得新用户，形成用户闭环。在这四个环节中，抖音都采取了一些措施。

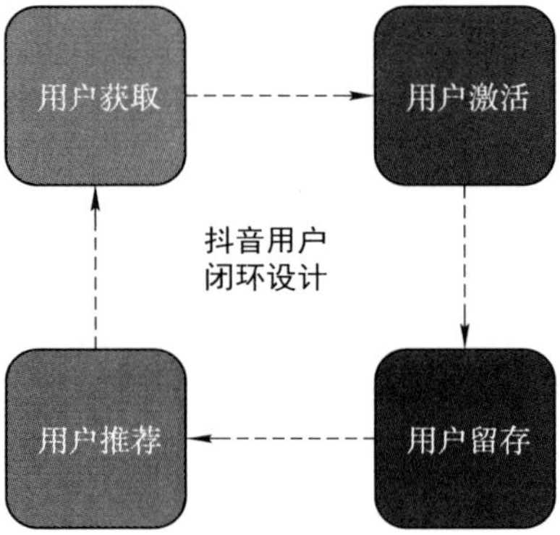

图3-1　抖音用户闭环设计

◆用户获取

在用户获取环节，首先，抖音V1.1.0版本有关系链导入功能，支持用户将自己的通讯录好友、QQ好友、微博好友、微信好友导入抖音平台，借此实现“病毒式”传播。其次，抖音通过今日头条导流，完成冷启动。再次，在明星的宣传下，抖音获取了一大批用户。最后，抖音与很多综艺节目开展异业合作，如《中国有嘻哈》《快乐大本营》《天天向上》等，使用户量实现爆发式增长。

◆用户激活

为激活用户，有效应对大量用户的突然涌入，抖音做了一系列准备，首先保证能带给用户完整的产品体验，然后引入了大量优质内容及优质的内容创作者。用户打开App就能看到全屏播放的高清视频，瞬间被吸引，并对产品的核心价值产生强烈的感知。用户想观看下一条视频只需轻轻滑动手机，还能一键为喜欢的视频点赞。总之，抖音App各项操作都非常简单，用户只需很短的时间就能学会基本操作。

除此之外，抖音App还会在合适的时机引导用户创作短视频，对产品功能进行深入探索，推动用户从内容消费者升级为内容创作者。在内容创作方面，抖音App为用户提供音乐、道具及视频制作教程，让用户可以体验到产品的核心价值。

◆用户留存

为留住用户，抖音通过热门内容筛选与个性化推荐算法为用户推荐符合其偏好与需求的内容，让用户认可内容的价值，提高用户留存率及用户离开后再次返回的可能性；通过简单易用的点赞、评论等功能增进内容消费者与内容生产者之间的互动，将内容生产者留在平台；通过不断更新道具与曲库维持用户的新鲜感，通过视频本身的“平民化”特点与较高的点赞量刺激用户产生创作冲动，让普通用户升级为内容生产用户，将其长久地留在平台。

另外，为吸引更多原创音乐人，抖音还推出“看见音乐计划”，鼓励原创音乐人在平台发布音乐，并长久地留在平台；对于长久未登录的用户，抖音会不定期地向其推送内容，从而唤回用户。

◆用户推荐

为了让用户认可产品与内容，抖音向用户进行个性化推荐，丰富内容创作方式，刺激用户自发传播产品与内容。如果用户将视频分享到其他平台，视频会自动添加抖音LOGO，获得一条新的获客途径。另外，内容生产者为了获得更多关注会主动传播自己创作的短视频，为平台吸引更多新用户。

通过上述四个环节，抖音形成了自己的用户闭环，通过老用户吸引新用户，将新用户转化为内容生产者，实现用户留存，形成自己的用户池，然后再进一步获取新用户。

内容闭环：优质内容的持续输出

抖音通过产品设计、外部刺激、营造内容创作氛围等方式不断生产新内容，形成内容闭环。从内容供需角度看，抖音用户可分为两类，一类是内容生产用户，另一类是内容消费用户。前者贡献内容，获取收益；后者消费内容，获得愉悦的消费体验。

内容闭环其实就是生产内容的动力闭环，也就是内容生产者闭环。为了做到内容闭环，抖音平台采取了以下措施：

（1）抖音通过视频内容“平民化”刺激普通用户产生创作冲动，让他们从内容消费者升级为内容生产者。同时，为刺激用户创作内容，抖音频频推出“挑战”活动，无限降低用户参与门槛，并为用户提供视频创作工具，刺激部分内容消费者转化为内容生产者。为了进一步降低内容创作门槛，抖音平台还推出了“拍同款”活动。通过这三项措施，辅以点赞、评论等工具的支持，内容生产者与消费者形成了良性互动，刺激内容生产者不断生产新内容，从而形成内容闭环。

（2）为鼓励内容生产者持续创作优质内容，抖音营造了一个鼓励创作的社区氛围，对内容生产者产生正向刺激。除此之外，随着抖音平台的流量不断增多，“如何制作抖音爆红短视频”等外部舆论也越来越多，这些言论也对内容生产者产生了正向刺激，形成了内容闭环。

（3）在内容闭环形成之后，抖音继续鼓励内容消费者向内容生产者转化，鼓励内容生产者生产更加优质的内容，推动内容闭环持续优化、螺旋上升，进而形成良性循环。

通过上述方法，抖音形成了内容闭环，为用户闭环、消费闭环的优化提供了强有力的支撑。

消费闭环：精准匹配用户与内容

抖音通过人工智能算法让内容与用户实现精准匹配。随着用户越来越多，平台上的内容量持续增长，用户关系链越发复杂，机器学习可获取的资料越发丰富，个性化推荐内容的精度越来越高，用户对内容越来越满意，从而刺激内容生产者不断生产内容，用户持续消费内容，形成用户与内容之间的消费闭环。

“消费闭环”指的是对用户与内容的匹配效率及效果进行优化。为形成“用户—内容”的消费闭环，抖音采取了以下措施：

（1）抖音创建了内容筛选机制，对发布到平台上的每条短视频进行测试，从中筛选出备受用户喜欢的、高质量的视频，形成内容池，切实保证内容质量。

（2）抖音使用“协同过滤+内容推荐”算法将内容池中的内容与用户进行精准匹配，为用户推荐符合其需求与偏好的内容。协同过滤算法可分为两种类型：

★基于“人”的协同过滤算法，先通过用户行为找到与用户有着相同兴趣与爱好的人，将用户喜欢的视频推荐给他们。

★基于“视频”的协同过滤算法，首先通过分析全体用户对视频的偏好获得视频间的相似度，然后再根据用户曾经点赞的视频记录向用户推荐同类视频。

但抖音的推荐系统存在冷启动问题，即面对新用户，系统缺乏足够的数据来捕捉新用户的兴趣并向其推荐合适的内容。面对这一问题，协同过滤算法无法很好地发挥作用。也就是说，尚未产生用户行为数据的视频无法通过这种算法推荐给用户。

内容推荐算法有效地弥补了协同过滤算法的缺点。内容推荐算法通过视频标签发现同类视频，根据用户历史观看视频、点赞视频记录向用户推荐同类短视频。视频标签可以通过人工的方式获得，也可以从视频内容中抽象得出。

除此之外，抖音平台向用户推荐的视频中还有“关注的人赞了该视频”的提示，通过这种方式，推测算法与社交关系网络实现了有机融合。

（3）抖音平台还会为用户推荐非匹配内容，以带给用户新鲜感，防止用户产生审美疲劳，拓展用户的兴趣标签，使“用户—内容”的匹配关系实现动态更新。

（4）为用户推荐他们可能感兴趣的人，丰富用户的关系链，提高内容匹配的精准度。这些人可能是社交链好友、有共同好友的人、可能认识的人，也有可能是关注的人也关注的人、可能感兴趣的人等。

消费闭环对用户与内容的匹配关系进行优化，带给用户持续浏览、无法中断的内容消费体验，实现用户留存。

综上所述，用户闭环、内容闭环、消费闭环相互交融，任何一个闭环的优化都能带动其他两个闭环的发展，将老用户留在平台，并不断地吸引新用户。

内部运营与外部运营的主要策略

抖音运营策略还可以通过对内与对外两个层面进行分析，由于抖音内部运营和外部运营诉求存在明显差异，两者采用的运营策略也有不同。总体来看，抖音内部运营策略的核心诉求是促进用户留存、提高用户活跃度，形成更多口碑传播；抖音外部运营策略的核心诉求是促进传播与转化，不断吸引新用户，助力品牌建设。下面对内部运营和外部运营策略进行具体分析。

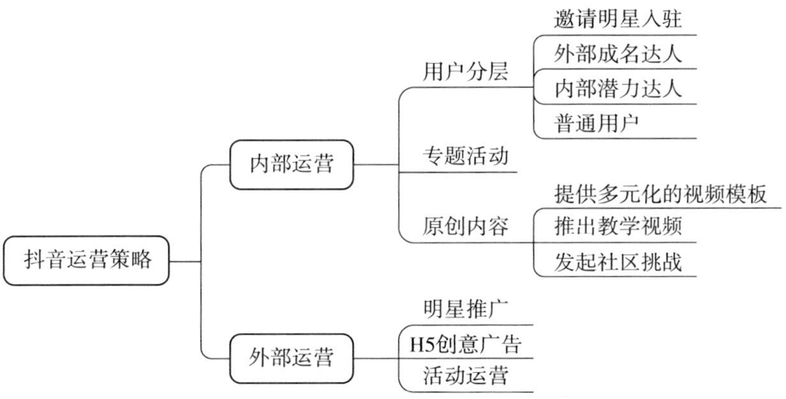

图3-2 抖音运营策略

◆内部运营

抖音内部运营策略非常多元化，此处选取三种最具代表性的策略。

（1）用户分层。

用户分层是用户运营的重要基础。抖音运营人员对用户进行精细化划分，并针对不同类型的用户采用差异化的运营策略。

★邀请明星入驻。明星自带流量，通过邀请合适的明星入驻，能够为平台带来大量流量。抖音邀请了大张伟、迪丽热巴、杨颖等人气明星入驻，虽然此举耗费较高成本，但确实延长了用户的停留时间，激发了用户参与话题挑战的积极性。

★外部成名达人。外部成名达人在某一细分领域拥有众多粉丝，顶级达人的变现能力并不弱于一线明星，但生命周期相对较短。对于外部成名达人，抖音的运营策略包括三种，一是借助平台自身的流量和知名度吸引这类用户主动入驻；二是邀请，通过流量支持、完善服务等方式邀请这类用户入驻；三是聘请，通过签订入驻协议邀请其入驻，相较于前两种方式，这种方式的成本较高。

★内部潜力达人。在抖音这个大流量平台上，草根用户也有机会成长为知名达人。平台自主培养的内部潜力达人对平台有较高的忠实度，而且成本较低。因此，抖音愿意在这类用户身上投入较多资源。

★普通用户。普通用户也受到抖音的高度重视。抖音通过持续优化产品体验、建立多渠道沟通体系、推出好玩有趣的活动等，带给用户更优质的体验。

（2）专题活动。

抖音会不定期地推出各种挑战活动，邀请入驻平台的明星、达人助阵，通过设置活动奖励吸引用户广泛参与。当然，这种活动也能激发用户创作与分享热情，让用户为平台贡献更多优质内容。

（3）原创内容。

高质量的原创内容是抖音实现可持续增长的重要保障。抖音运营人员采用多种方式鼓励用户生产高质量的原创内容。

★提供多元化的视频模板。持续生产高质量原创内容是一件非常困难的事情，其困难源于两个方面：一是创作者创新乏力；二是用户审美疲劳。为解决该问题，抖音对模板库进行快速更新，为用户创作短视频提供更多创意与灵感。

★推出教学视频。让更多的用户参与短视频内容生产，是增加平台高质量原创内容的有效手段。为此，抖音制作了简单易懂的教学视频，并开发抖音小助手，降低短视频创作与分享门槛，刺激更多用户参与短视频生产。

★发起社区挑战。社区挑战是抖音推动高质量原创内容生产的一大利器。用户创作的优质短视频会被抖音投放到首页推荐板块，获得大量曝光，满足创作者获得认可与尊重的需求，进一步提高其创作短视频的积极性。

◆外部运营

部分互联网产品进行外部运营时，往往采用公关稿和日常软文相结合的方式，虽然成本较低，但需要较长时间才能发挥作用。而抖音运营人员将更多时间与精力放在与自身平台调性相契合的垂直传播渠道建设方面，虽然成本有所增加，但能立竿见影，在极短的时间内获得显著效果。具体来看，抖音外部运营的主流传播载体包括以下几种：

（1）明星推广。借助明星背书，为抖音造势，如抖音在发展初期就与当红相声演员岳云鹏合作，后者在微博上分享了带有抖音水印的短视频后，短时间内就让抖音获得极大的曝光。之后，抖音还与赵丽颖、钟丽缇、辰亦儒、周笔畅等明星达成了合作。

（2）H5创意广告。抖音运营团队制作了《找呀找呀找爱豆》《世界名画抖抖抖抖抖起来了》等多个集创意、趣味性、互动性、艺术性为一体的H5，吸引了大量用户关注。

（3）活动运营。推出各种线上、线下活动是抖音外部运营的重要方式。例如，在2019年春节期间，抖音联手国内移动支付巨头支付宝推出了线上活动“支付宝全球锦鲤”，以及线上线下联动活动“迷你锦鲤”。与此同时，运营人员将抖音“魔性”神曲《生僻字》改编为《全球锦鲤之歌》。通过与支付宝的强强联合，抖音获得了海量曝光。

Part 2

蓝V攻略篇

第 4 章

蓝V生态计划：引领企业营销变革

蓝V生态：全新的企业营销阵地

随着移动信息技术迅猛发展，自媒体也实现了快速发展，形成了富媒体[①]传播。在这种形势下，企业自媒体逐渐成为品牌官方信息发布通道，承担的角色越来越重要。通过专栏黄页—官方网站—企业官方微博—企业自媒体的升级，可以清楚地看到自媒体在内容形式、传播方式、场景功能等方面的巨大改变。

在人人都是自媒体的时代，短视频丰富了自媒体的运营模式，拓展了

① 富媒体（Rich Media），本身并不是一种具体的互联网媒体形式，而是指具有动画、声音、视频和（或）交互性的信息传播方法。

自媒体的发展空间，凭借高参与度、高传播率等特点进一步缩短了品牌与用户的距离。2018年10月30日，抖音与合作伙伴携手举办“‘Vwin蓝引力’抖音蓝V生态大会”，发布一系列蓝V产品功能，并公布抖音蓝V的长期成长计划。根据该计划，抖音将从榜单、扶持、运营、培训四大板块为企业蓝V的成长提供支持，为企业打造了一个全新的营销阵地。

◆企业营销阵地不断进化

在技术持续发展，用户不断改变的环境下，品牌与用户的沟通介质越发多元化，品牌与用户沟通过程中的共鸣点相继被激发。同时，随着人与信息的连接方式不断改变，媒体传播主阵地也发生了一定的变化，使企业营销阵地不断改变。目前，在智能算法的作用下，人与信息的连接效率越来越高，信息内容越发丰富，人类进入智能传播时代。

其实，早在进入视频传播时代之后，传统的信息传播路径与传播方式就发生了一定的改变，受这种多向交互的颠覆，企业自媒体进入了一个全新的发展阶段。目前，随着抖音持续火爆，第三次企业营销阵地变革正式开启。抖音以信息曝光、店面引流、线索搜集、用户互动、内容共创、消费转化等内容为切入点，通过蓝V生态创造了一个新的营销阵地——“移动综合体”，为企业自媒体的内容创建了一个立体化的传播场所，以内容交互为基础形成了深度互动，对消费转化产生了一定的引导作用。

◆抖音蓝V：塑造平台型企业自媒体

企业自媒体不仅涵盖认证昵称、身份标识等可视化信息，还包含很多不可见的信息和广阔的营销空间。

有人认为，一个新兴企业自媒体阵地的出现势必会对过去的阵地产生颠覆作用，事实并非如此。新兴的自媒体阵地不仅没有颠覆传统的阵地，而且还使传统阵地的价值有所增长。抖音蓝V使无限加法有了实现的可能，并以平台的形式将自媒体的各项功能集合在一起，通过基础信息、互动、沟通、内容聚合、特权、转化、数据等通道让企业与用户实现联动，构建一个一站式的营销体系。

抖音蓝V为企业营销阵地赋能，从辅助企业生产优质内容、提升客户转化效率、帮助企业开展数据分析与经营三个方面出发，为企业提供多元化的功能服务。

开放才能创造更多可能。抖音蓝V通过Open ID、线索数据等开放平台，从多个层面将用户与企业连接在一起，以企业号为核心构建了一个新的营销闭环，这个营销闭环涵盖了品牌建设、粉丝经营与数据沉淀等多项内容。

抖音企业号对所有类型的企业开放，从各个方面满足企业的营销需求。同时，抖音企业号深化在垂直领域的布局，以多元化的运营方式为企业号的营销活动提供辅助与支持。例如，抖音发起的抖音品牌挑战赛，使品牌与用户之间的距离进一步缩短，通过高人气店主或KOL的推荐汇聚粉丝，提升小品牌的粉丝转化效率。POI通过整合线上流量与线下运营，使品牌的营销路径大幅缩短。

◆ “蓝V成长计划”：全面赋能企业自媒体

抖音蓝V生态是在理解广告主诉求、放大营销价值的基础上建立起来的，覆盖了内容运营、广告主、服务平台等多项内容，将上下游串联在一起，使其“一触即发”的营销价值得以充分发挥。

为带给企业更加系统的研究成果与服务，抖音成立了抖音营销研究院，以便定期、长期地与企业、用户沟通交流，为企业的抖音营销提供更有价值的指导，“蓝V成长计划”发布的目的就在于此。

在信息高速聚合的环境中，抖音以开放的心态将需求方、运营方、平台方聚合在一起，为企业提供不同阶段的运营方案及关键数据，通过“官方认证营销导师课程计划”“蓝V系列研究报告”扶持优质的抖音账号，为企业蓝V账号的发展提供全方位支持。

随着产品逐渐丰富，运营策略不断升级，数据持续积累，抖音将以更加开放的心态迎接服务商、平台合作方加入，共同构建抖音蓝V生态，创建企业营销新阵地，充分释放企业自媒体的潜能，让企业自媒体大有可为。

营销体系：抖音企业号四大功能

抖音企业号为企业提供一个全新的营销渠道，它并非是对微信、微博、楼宇广告等现有营销渠道的颠覆，而是一种有益补充。抖音存在独特的平台基因，抖音用户也和其他平台用户存在一定差异，所以，利用抖音企业号进行营销推广，不能简单地模仿复制微博、微信的营销玩法，而是要创新求变，精准对接用户个性化需求。在一批领先企业的积极探索下，基于抖音企业号四大功能的营销体系初现雏形。

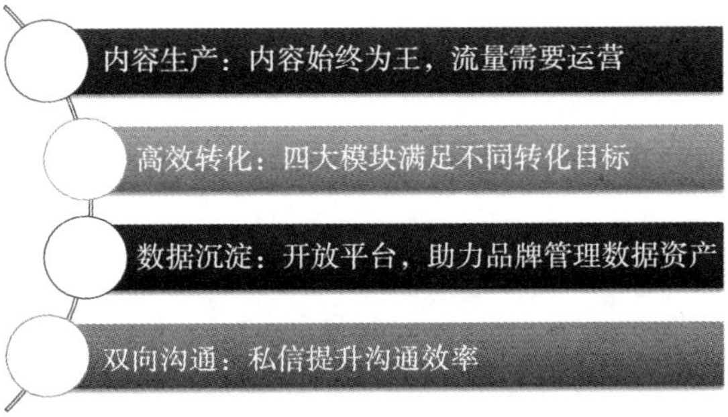

图4-1 抖音蓝V企业号一站式营销体系

◆内容生产：内容始终为王，流量需要运营

内容为王是新媒体时代企业营销推广需要坚持的重要原则，它要求企业用优质内容沟通用户、影响用户。由于抖音采用的是去中心化的推荐算法推送内容，所以内容质量非常关键。如果内容质量不过关，就很难吸引足够的用户关注，更不用说完成预期营销目标了。

对小米、茵曼等品牌的抖音营销进行分析不难发现，清晰合理的内容定位是品牌抖音营销取得成功的重要保障。例如，小米定位“新奇酷”；茵曼定位分享服饰相关知识和技巧。在明确内容定位之后，运营人员还为账号设置了一个清晰的人设。因为自媒体时代的营销推广强调信息双向传递，营销要有温度、有情感，要坚持以人为核心，只有这样才能让粉丝对账号形成较高的忠实度，为账号长期运营奠定良好的基础。

在内容生产方面，除“DOU+”外，抖音还开发了“星图”，前者对应“流量”，后者对应“达人”。“星图”是抖音为明星达人、品牌主、MCN公司推出的交易服务平台，可以帮助企业持续输出满足用户需求的优质内容，是不可多得的一站式内容解决方案提供者。

◆高效转化：四大模块满足不同转化目标

抖音企业号通过生产优质内容吸引了足够的用户后便可进行转化。抖音为了满足不同企业的差异化需要开发了四大模块。

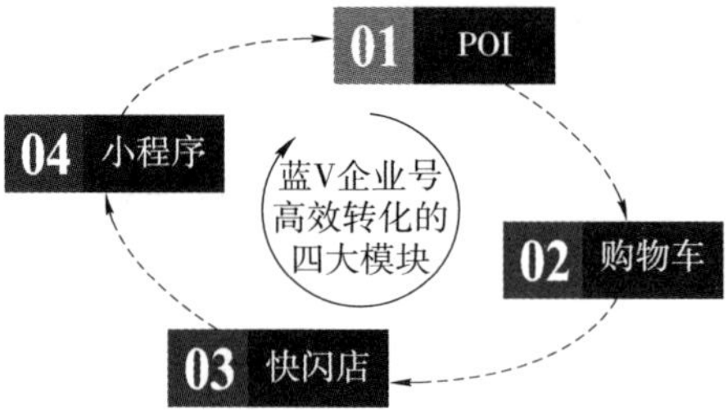

图4-2　蓝V企业号高效转化的四大模块

（1）POI。

POI适用于那些拥有实体门店的企业，这类企业可以利用抖音企业号的POI功能获得专属地址。更重要的是，POI功能为企业提供了展示多元化信息（包括商品、活动、优惠券等），并与用户深入互动的绝佳窗口。通过在POI页面与用户互动，企业可以更好地和用户建立信任关系，刺激用户产生更多的购买冲动，形成口碑传播。

（2）购物车。

购物车功能适合那些有电商业务的企业。这类企业可以利用短视频内容、评论区、主页橱窗等对商品与品牌进行展示，并且提供直达抖音小店或第三方电商平台网店的链接。

（3）快闪店。

快闪店可以同时满足企业提升销量、建设品牌的需求，它以信息流广告的形式进行推广，并在品牌主页面设置了固定入口。用户看到感兴趣的商品后可以通过点击入口直达快闪店购买页面，实现“一站式”购买，有效解决因购物通道不通畅造成的用户流失问题。

快闪店尤其适合新品上市、限量促销、活动造势、节点促销等营销场景。例如，企业可以用“倒计时”功能让用户对新款产品产生期待感；利用“限时购”功能让用户获得成功秒杀、抢购带来的刺激感，以及拥有限量物品的成就感；利用“低库存提醒”功能，使目标用户对热销商品产生紧迫感，刺激用户冲动消费等。

（4）小程序。

小程序是一种具备广阔发展前景的应用产品形态，目前，BAT三大巨头都在积极布局小程序，抖音自然不会错过即将到来的小程序风口。

较强的开放性是抖音小程序的一大典型特征。抖音小程序为企业提供了涵盖搜索、购票、游戏、支付等诸多类型的接口。例如，猫眼开发了抖音在线购票小程序，支持抖音用户边看边买。

◆数据沉淀：开放平台，助力品牌管理数据资产

在大数据时代，数据已成为企业营销的重要驱动力。抖音平台会为抖音企业号提供数据技术支持，帮助企业沉淀数据资源，并对数据进行处理分析，从而提升营销效果。

目前，抖音已经将主页数据、视频数据、运营数据、达人数据、竞争数据、粉丝数据等全维度数据开放给抖音企业号用户，并支持企业接入其自主开发或由第三方建立的CRM系统。与此同时，抖音母公司字节跳动科技开发了飞鱼CRM数据平台，该平台可以帮助企业以较高的效率、较低的成本进行数据资产管理，使内部、外部的数据资源得以充分利用。

◆双向沟通：私信提升沟通效率

抖音企业号为企业与用户实时交互提供了便捷通道，如双方可以通过私信功能进行沟通交流，既能保障个人隐私，还能提高沟通效率。

毋庸置疑的是，抖音未来会对抖音企业号的功能、服务不断进行优化与完善，争取让企业、用户都能从中获得更多的价值。对于广大企业来说，为了对接用户特别是年轻用户需求，做好抖音企业号运营是必然选择。

申请入驻：蓝V认证的流程步骤

◆什么是抖音蓝V认证

抖音蓝V认证是抖音官方面向企业提供的一种服务，可以帮助企业进行内容分发和营销推广，该功能于2018年6月正式上线。抖音企业号蓝V认证标识包括常规企业号和机构号两种，其中，常规企业号的认证对象是企业组织，机构号的认证对象是媒体机构。由于大部分企业认证的是常规企业号，所以此处的抖音企业号运营特指常规企业号运营。

抖音蓝V认证用户将获得蓝V认证标识、POI认领、“DOU+”功能、视频置顶权益、个人主页自定义、购物车功能、私信功能、长视频权限等多种特权。除为入驻抖音的企业提供多种服务外，蓝V认证还能帮用户识别企业官方账号，避免被名称相似的账号误导，减少欺诈行为。过去，部分个体或组织为吸引用户关注，故意使用那些有较强影响力的品牌名称作为账号名，而开通蓝V认证之后，企业可以获得专属标识，用户搜索时相关信息会被置顶，从而使“冒名顶替”现象得以有效解决。

抖音蓝V企业号上线为企业提供标准化、专业化的综合营销服务，希望借此满足企业推广品牌、开展营销活动的需求。抖音企业号的功能非常丰富，包括传递业务信息，与用户互动，开展高效、便捷的市场推广活动等。

◆抖音蓝V认证的流程步骤

品牌或企业申请认证抖音企业号的步骤如下：

（1）登录抖音官网，注册账号并登录，然后点击“企业认证”，或者直接登录抖音企业号认证平台。

（2）按照平台提示上传资料，填写信息（头像、用户名、签名等），支付费用。

（3）点击提交，等待通过认证。

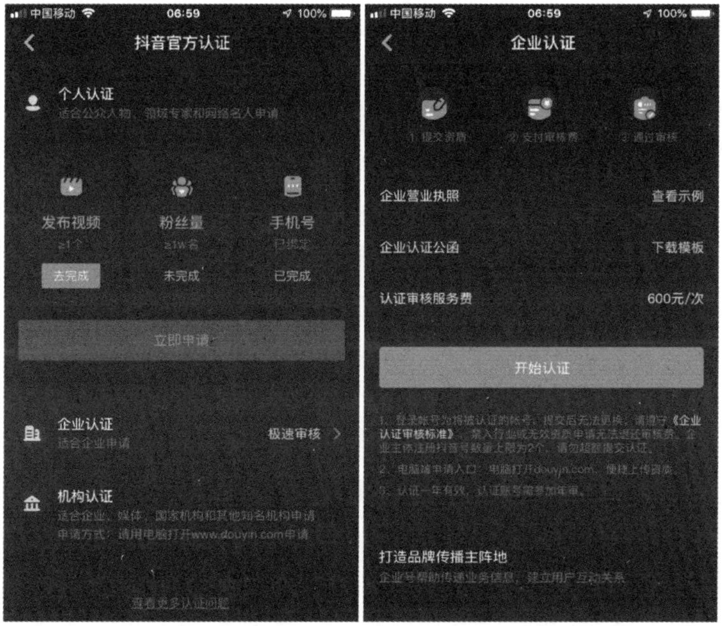

图4–3 蓝V企业号注册流程

◆蓝V企业号的核心价值

对于企业来说，蓝V企业号具有以下两大核心价值：

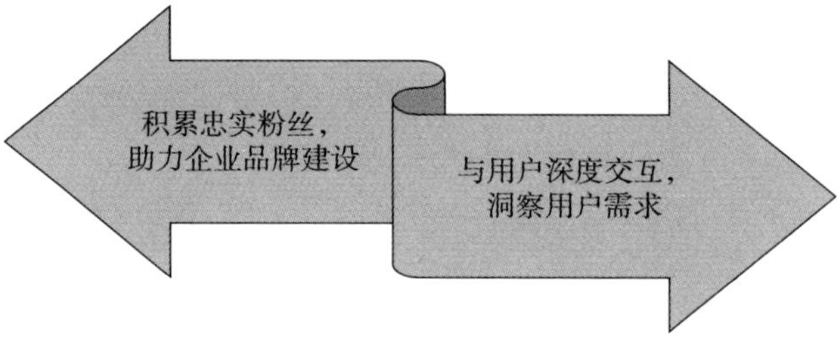

图4-4　蓝V企业号的两大核心价值

（1）积累忠实粉丝，助力企业品牌建设。

企业申请蓝V企业号，相当于获得了抖音平台的背书，发布的内容更容易得到用户信任。在此基础上，通过长期运营抖音企业号，企业可以将用户转化为忠实粉丝，打造出有较高知名度和影响力的品牌。

例如，由众安保险、深圳位置网和携程战略投资的定位防身软件——怕怕App在抖音开通了企业号，其账号隶属于有我在（北京）网络科技有限公司。有我在公司是一家专注于人身防护的互联网公司，可以通过对录音、位置、照片等警情资料进行大数据分析，为用户提供智能的紧急救援服务。怕怕App开通抖音企业号之后，发布了一系列安全语音、街头采访的短视频，进一步扩大自己的知名度和影响力。怕怕App推出了安全语音录制功能，邀请抖音的KOL参与录制，吸引了大量用户关注App的伪装语音功能，效果极好。

（2）与用户深度交互，洞察用户需求。

抖音企业号可以成为企业与用户沟通的桥梁，增进双方对彼此的了解程度，使企业在与用户沟通的过程中了解其消费需求，为企业的新品开发、定制营销、库存计划等提供科学依据。例如，小米的抖音企业号围绕手机性能创新拍摄了很多短视频，吸引大量粉丝关注，在很大程度上提高了自己的曝光率。

在抖音营销体系中，企业号是一个非常重要的组成部分。除企业号以外，企业还可以通过与KOL合作、发起挑战赛等方式开展营销活动。其中，KOL本身属于某一细分领域的专家，其用户群体较为垂直，可以让企业精准对接目标用户，社交价值较为突出；挑战赛可以从开屏广告、热门推荐、热搜榜、关注等多个渠道为企业带来流量，有较高的流量价值。但KOL和挑战赛以一次性投放行为为主，对扩大曝光有较高的价值，而企业号可以较好地实现用户留存，将用户转化为企业的忠实粉丝。

平台赋能：蓝V账号的七大权益

随着抖音企业号上线，抖音的营销价值已得到业界的广泛认可，但仍有很多企业没有入驻抖音，对抖音及其营销功能缺乏全面深入的了解。具体来看，抖音蓝V认证的企业可以享受到哪些权益呢？

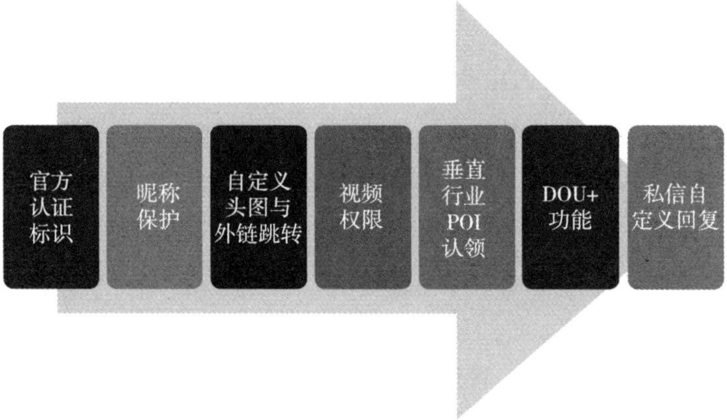

图4-5　蓝V企业号的七大权益

◆官方认证标识

企业在申请蓝V认证时需要填写“认证信息”，这个“认证信息”就是官方认证标识。认证信息可以是品牌名称，也可以是品牌标语。无论选择哪类内容填写，都要符合企业资质。例如，雅诗兰黛抖音企业号的官方认证标识是“世界顶级化妆品品牌，成就女性优雅自信”。

◆昵称保护

通过蓝V认证的账号享有优先展示权，即在用户搜索账号时，蓝V账号会优先展示。另外，在“全昵称”搜索置顶规则下，运营人员要设计一个符合用户检索习惯的昵称，而且该昵称不能与其他企业号的昵称重复。昵称设置秉持“先到先得”的原则，不允许企业恶意抢注，抖音平台会对企业的相关资质进行审核。如果一家企业有很多分公司、分产品线，这些分线最好不要用总公司的昵称入驻抖音平台，以免对总公司的入驻造成不良影响。

◆自定义头图与外链跳转

目前，抖音用户只能通过抖音App上传头图，图片格式只能为JPG。图片曝光度考验的是企业的转化能力，如果用户进入主页看到一张清晰的图片，就能加深对品牌的印象，提高转化率。除此之外，企业号还可以通过头条号后台设置外部链接，用户点击这个链接就能进入企业官网，进一步提高用户转化率。目前，只通过基础认证的企业无法下载链接。

自定义头图的方法是：点击头图，进入“更换头图背景”菜单，点击“从相册选取”，选择一张图片剪裁上传即可。

图4-6 自定义头图与外链跳转

◆视频权限

抖音新账号只能发布15s的短视频。如果账号粉丝超过1万人，就能申请发布60s的短视频，而通过蓝V认证的企业可以直接发布60s的短视频，还可以将3条短视频置顶。

短视频置顶方法为：点开需要置顶的短视频，点击右下角的“…”，选择“置顶”，看到“置顶成功”的提示就说明设置成功。置顶视频会出现在首页首位，左上角会显示黄色的置顶标识。

◆垂直行业POI认领

通过蓝V认证的企业可以认领POI地址，企业号、店铺的基本信息会在POI地址页展示出来。另外，POI地址页还支持电话呼出，通过一系列服务提高企业的信息曝光度与流量转化率。

企业认领POI地址需要通过抖音平台的资质审查，如果认领地址是企业号对应的地址，企业需要上传企业号认证时提交的营业执照；如果认领地址是企业下属门店的地址，企业需要上传该门店的营业执照。抖音平台规定，一个企业只能认领一个POI地址，一个POI地址只能被一个账号认领。

◆DOU+功能

DOU+是抖音平台推出的一项高效传播的营销功能，它可将视频推荐给更多用户，以提升视频的播放量和互动量，帮助企业更好地进行内容运营和品牌建设。

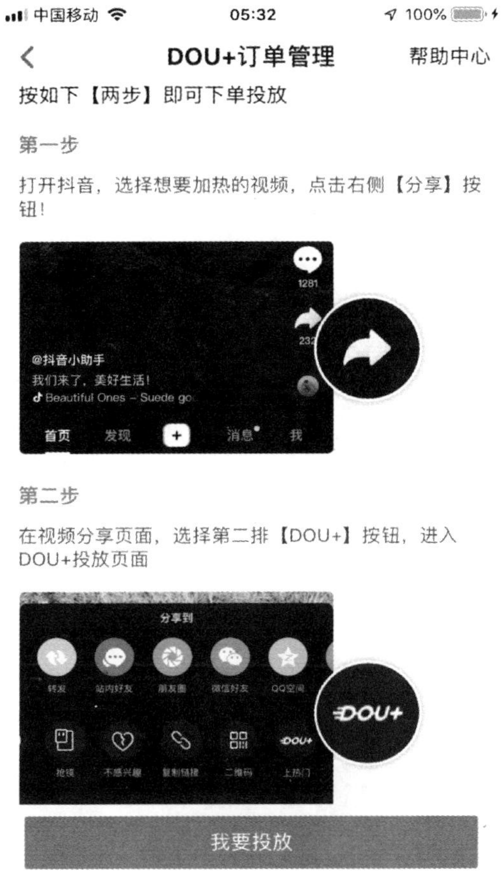

图4–7 DOU+功能

◆私信自定义回复

目前，抖音平台有两种自动回复功能，一种是私信自动回复，另一种是关键词自动回复，该功能与微信公众号的自动回复功能相似，可提高企业与用户的沟通效率。通过蓝V认证的企业可开通私信自动回复功能，及时回复用户信息，以免造成不必要的用户流失。

用户画像：蓝V企业号运营分析

◆从粉丝量来看

卡思数据公布的数据显示，截至2018年8月17日，抖音共有2664个通过认证的蓝V号，其中，企业号占比约90%。但60.66%的企业号粉丝量在1万以下，粉丝量在1万~10万的企业号占比20.08%。粉丝量分别在10万~30万、30万~100万、超过100万的企业号占比分别为12.69%、5.63%、1.76%。也就是说，绝大部分的抖音企业号运营效果并不理想。

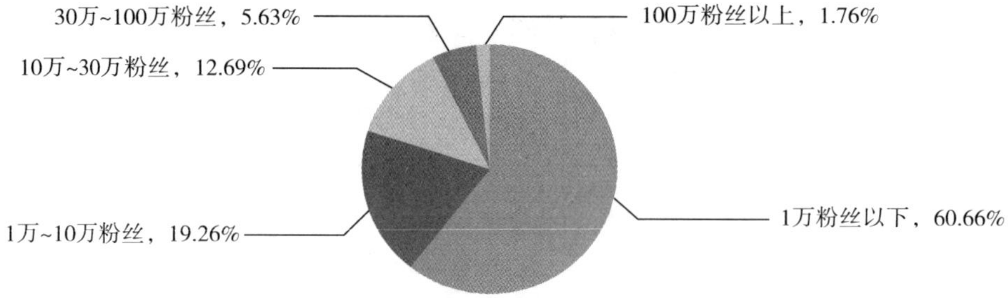

图4-8　蓝V企业号粉丝占比①

◆从内容质量来看

企业号内容质量尚无法满足用户需求。此处，我们不妨用完播率、点赞比、评论比来评估抖音视频内容质量。将企业号与个人KOL账号进行对比，二者完播率为87：100，点赞比为84：100，评论比为33：100。如果我们对企业号发布的内容进行深入分析，可以发现内容中有较多广告元

① 数据来源：卡思数据，截至 2018 年 8 月 17 日。

素，容易让用户产生抵触情绪，这说明企业号运营人员对抖音内容生态及运营逻辑缺乏足够的认知。

◆从企业号行业分布上看

在抖音企业号各行业分布方面，文娱类企业占比最高，为26.26%，教育培训和IT（包括互联网和手机应用）分别以14.14%与13.47%的占比位列第二、第三名。可能很多人会有疑惑，为何文娱类企业更愿意认证抖音企业号呢?

确实，抖音用户在浏览内容时会看到很多文娱账号（如湖南卫视、江苏卫视等）发布的短视频，特别是综艺节目和明星采访花絮出现得尤为频繁。抖音本身就属于一种文娱产品，产品形态比较契合文娱行业企业，在抖音上推广相关内容比较容易实现广泛传播。

教育培训是由老师或教练向学生传授各种知识和技能，而知识和技能类内容在抖音内容生态中的占比也相对较高，很多抖音用户存在知识学习需求，舞蹈培训类内容备受这类用户青睐，部分抖音企业号借此积聚了大量粉丝。以舞蹈培训机构“单色舞蹈”为例，截至2018年12月21日，该抖音企业号积累了269.3万粉丝。

◆从企业号互动表现来看

作品平均点赞量和评论量是衡量抖音企业号互动情况的有效指标。通过对抖音平台上所有企业号的点赞量和评论量进行分析发现，食品饮料类企业号的互动表现最好。一方面，入驻抖音并开通企业号的食品饮料类企业往往都是知名品牌，它们投入的资源较多，品牌本身也有较高的知名度；另一方面，食品饮料行业营销推广更为大众化、更接地气，素人出境、就地取景，这让抖音用户更容易获得情感共鸣。

服饰、文娱、游戏企业号点赞量较多，评论量较少，因为这些企业发布的内容都经过精心制作，能够激发用户点赞行为，然而互动性不足，无法给用户留下深刻印象，让用户产生互动意愿。

家居建材类企业号互动情况最不理想，评论量和点赞量都相对较少，原因在于这类企业号推送的内容较为专业，再加上产品本身属于低频消费品，关注这类内容的用户较少，导致企业号互动数据表现不佳。要想改变这种情况，运营人员需要调整运营思路，弱化内容的专业属性，增强内容的趣味性和互动性。

第 5 章

运营攻略：如何做好抖音企业号

运营模型：抖音企业号运营进阶

随着抖音平台的崛起，一些企业将抖音视为新型营销利器，通过开展短视频营销取得了不错的效果，但也有一些企业的抖音营销效果不尽如人意。也就是说，有些企业适合开展抖音运营，有些企业不适合。那么，企业如何确定自己是否适合开展抖音营销呢？如果适合，企业又该如何开展抖音营销呢？

对于企业与营销行业的从业者来说，他们并不担心做不好抖音营销，而是担心不能抓住抖音营销的红利期。要想抓住这个红利期，更好地展示内容、宣传品牌、转化粉丝，企业必须考虑两个问题：

（1）抖音用户中是否有品牌受众，规模如何？

（2）品牌或产品是否有合适的内容开展抖音营销？

第二个问题比较容易解决，如果品牌没有适合开展抖音营销的内容，可以聘请专业的团队生产内容。第一个问题则比较复杂，因为抖音的用户在不断变化。早期，抖音的用户主要是偏爱流行音乐的时尚达人，用户群体比较年轻、时尚。后来，随着抖音升级标语，调整产品定位，内容与用户都变得越发多元化。在这种情况下，企业必须充分考察，确定抖音平台是否有自己的目标用户群体。

抖音企业号不同阶段的运营策略有所不同，搭建企业号运营模型是运营企业号的重要基础。企业号运营过程中会遇到瓶颈期，粉丝增长趋于停滞、内容创作陷入困境、团队人员流失等。如果没有强大的运营模型的支持，抖音企业号很难走出困境。下面，我们从三个阶段来分析企业号的运营模型及具体方法：

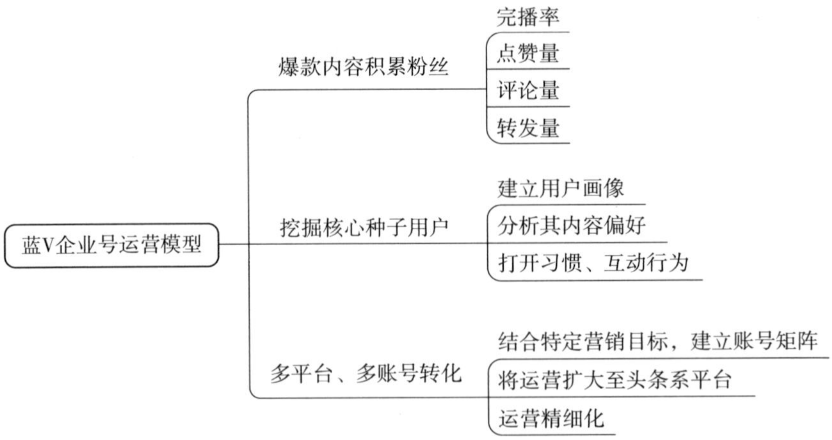

图5-1　蓝V企业号运营模型

◆爆款内容积累粉丝

初期做爆款内容迅速积累粉丝，需要结合抖音智能算法的推荐机制，重点关注完播率、点赞量、评论量、转发量等指标。这些数据表现良好，平台就会为企业号分配更大的流量池。

◆挖掘核心种子用户

核心种子用户拥有较高的活跃度，对互动量贡献较高，而且会帮助运营人员推广内容。因此，积累了一批核心种子用户后，我们可以对其进行重点运营。首先，运营人员可以为核心种子用户建立用户画像，分析其内容偏好、打开习惯、互动行为等。然后，根据用户画像为其定制生产优质内容，从而达到强化品牌认知、实现口碑传播的目的。

◆多平台、多账号转化

企业号运营中后期，很容易出现粉丝活跃度降低、粉丝量增长陷入停滞等问题，这和企业号在该阶段追求变现存在直接关联。变现难免会增加企业号的商业属性，有些粉丝排斥这种行为，就会取消关注或者不再打开企业号。想要解决这种问题，运营人员必须做好以下几点：

（1）结合特定营销目标，建立账号矩阵。例如，运营人员可以针对产品、品牌、高管等开通多个抖音号，在某个企业号运营遇到问题时，可以促进其他账号用户向该账号转化，为账号注入新鲜血液。以小米为例，小米在抖音平台开通了小米手机、小米有品、小米商城等多个账号，小米手机和小米商城均已认证为企业号，并积累了数百万粉丝。

（2）将运营扩大至头条系平台。除抖音外，头条系还拥有西瓜视频、火山小视频两款短视频产品，虽然定位有所差异，但用户群体仍有较高的重合度。因此，运营人员可以在运营抖音的同时做好这两款短视频产品的运营，积累更多忠实用户。

（3）运营精细化。通过对运营细节的极致把控，增强用户体验，使用户自发对企业号进行传播。除从内容方面提高视频质量外，还要从画面上进行提升。例如，用手机拍摄的短视频的画面质量不如用相机拍摄的短视频。主打生活视频的“喂谷美食记”早期用手机录制内容，之后改为用相机录制，就是为了改进画面质量。

产品思维：运营人员的必备技能

◆第一人称

从人物取景范围来看，抖音短视频内容中的人物与用户空间距离较近，但仅缩短空间距离是不够的，还需要缩短心理距离。而使用第一人称展现产品的功能、材质、特色等，可以拉近人物与用户的心理距离，让消费者获得现场感，从而更容易获取其信任。反之，如果视频中的人物过于高冷，用户就不愿意与之交流沟通。

以中华牙膏创作的《我，你要不要》广告为例，在该广告中，中华牙膏让当红明星刘昊然作为代言人，通过喂零食、摸头等暖男标志性动作与屏幕前的消费者互动，为用户送上关怀和温暖，最终使该视频在极短时间内实现了大范围传播。

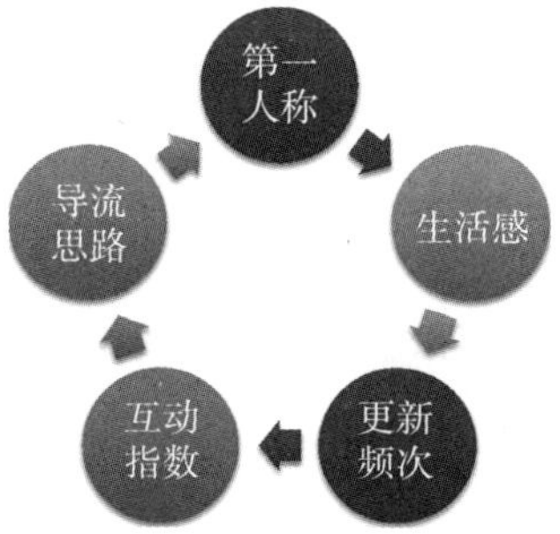

图5-2 蓝V企业号的基本运营技能

◆生活感

注重生活感，既迎合了平台记录美好生活定位的特性，也有助于企业与用户交流互动。生活感需要借助生活化的场景、口语化的语言等体现出来。很多企业投入大量资源，聘请知名制作团队把控短视频内容、在专业影棚取景等，这确实让短视频显得“高大上”，但缺少了生活感，很难让用户产生情感共鸣。

◆更新频次

保持每天更新可以持续强化用户认知，在较短的时间内给用户留下深刻印象，但这需要把控好内容质量，片面追求更新频次并非明智的选择。此外，企业需要向运营人员充分放权，甚至可以让运营人员像运营个人号一般多分享生活与工作中的趣事。

制作专业的PGC内容也是不错的选择，不过这类内容对质量要求较高，更新频率需要放缓。同时，组建专业的内容运营团队也需要一定的时间，团队成员需要相互磨合，在相互学习中共同进步，最终实现高效协同。

◆互动指数

关注互动指数是运营企业号的重要基础，让用户和企业充分互动，有助于对用户决策和行为进行引导，刺激冲动购买，实现口碑传播。提高用户互动指数，尤其需要在评论区管理方面投入大量资源，引导用户发布积极正面、容易引发讨论的评论。

◆导流思路

为了便于企业变现，抖音允许短视频保留地址信息，如餐饮类企业号在分享餐饮短视频时，可以在短视频左下角展示商家地址信息，用户通过点击或搜索可以获得具体地址，前去用餐消费。

短视频以较强的视觉冲击力，为企业探索内容电商提供了强有力的支持。通过挖掘产品卖点，以短视频的形式进行呈现，再加上线上购买链接，可以有效提高转化效果。除直接变现以外，运营人员还可以通过分享抖音短视频为企业官网、App、社交媒体公众号等增加流量。

对于刚刚申请蓝V账号的企业来说，可以从以下几个方面学习抖音的基本运营技巧：

（1）成立一个抖音运营团队。初期，团队人数控制在2～3人即可。通过团队合作确保内容创作的稳定性，及时与用户交流沟通。

（2）鼓励团队成员分享创意和灵感，推动短视频作品在题材、形式等方面进行创新。

（3）传播美好事物，美好事物可以让人们释放压力，是抖音用户热衷观看的内容。

（4）确保短视频内容的故事性、趣味性和互动性。

（5）不断学习抖音短视频制作技巧，主动研究热播视频，借鉴其中的优秀元素。

（6）视频创作完成后将其同步分享到其他短视频平台，实现传播效果最大化。

（7）灵活借助数据分析工具，对运营策略进行持续优化。

流量运营：吸粉引流的实战技巧

◆分析数据

想要在抖音平台开展新项目运营，企业必须进行数据分析。从用户群体的角度来看，不同用户的性别、年龄分布、个人偏好不同，如果企业能够对这些数据进行全面整理与分析，就能总结出哪些内容更受用户欢迎。以此为基础明确自身定位，经过一段时间的运营之后，在抖音平台实现粉丝用户的积累。

在明确自身定位后，运营方接下来要做的就是对同类账号进行分析，分析这类账号发布的内容类型、吸引粉丝关注的因素、留住粉丝的方式、在原有基础上扩大传播范围的措施等。

短视频内容的走红存在一定的偶然性，但很多爆款短视频存在一些共性。以某美食类抖音号为例，该账号对同类账号及其用户群体进行分析，发现这些账号的受众以年轻人居多，这类用户本身并不具备多少厨艺，但希望自己能够学会做饭。对他们而言，相对于那些操作复杂的菜品制作方法，外观精致、操作简单、适合其口味的菜品更受青睐。

在得出这一结论之后，该账号选择了那些使用常见食材、普通厨具、操作简便的菜品，以短视频的形式将菜品制作流程在抖音平台发布出来。在数据分析的基础上，账号发布的内容十分贴近用户需求，从而在抖音平台实现了广泛传播。

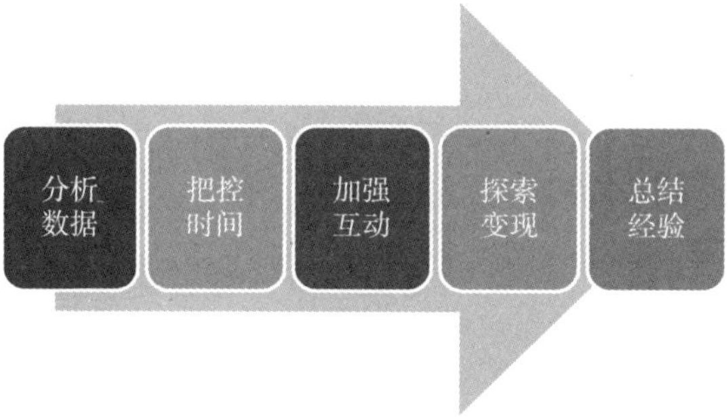

图5-3　蓝V企业号的流量运营技巧

◆把控时间

除内容、画面之外，还要注意把控短视频上传时间。例如，在完成短视频拍摄后，在哪个时间段上传短视频更容易获得用户关注呢？答案并不唯一，因为不同的时间段会有不同的用户观看内容，运营方应该根据自身用户群体的观看习惯进行选择。

如果内容发布者在固定时间发布短视频，粉丝就会在固定时间观看，通过这种视频发布方式可以在长期运营过程中培养用户的观看习惯。无论如何，企业抖音号在进行内容运营的同时，也要注重粉丝运营，因为账号只有得到粉丝支持，才能实现持续运营与发展。

◆加强互动

运营方可以通过私信或者回复评论的方式与粉丝互动，或者在抖音之外利用第三方平台与粉丝用户交流，对粉丝用户进行管理。

抖音账号要想实现持续发展，就不能忽视粉丝运营。只有提高粉丝用户的黏性，账号才能在推出新视频之后获得足够的流量。例如，不少抖音号都建立了自己的粉丝群，在发布新内容之后，运营方会在粉丝群广而告之，号召大家去支持他们的新内容，鼓励粉丝参与内容评论，并积极与粉丝群体进行互动沟通，通过分发小礼物来获得粉丝的进一步支持。

◆探索变现

从本质上来讲，企业在抖音平台开展内容运营的最终目的就是变现。

抖音的变现方式具有多元化的特点，运营者应该在这方面进行积极探索。例如，企业抖音号可以通过广告的方式变现，但并非所有的账号都能与广告主达成合作。除承接广告之外，企业抖音号也可以利用抖音的电商功能，即抖音推出的购物车功能进行变现。此外，运营方也可以将自己的淘宝店铺与抖音账号打通，或者与其他商铺合作，引导粉丝到店铺购买商品，从中获取佣金。抖音企业号还可以利用自己的IP形象，通过开发并出售衍生产品来变现。

◆总结经验

抖音企业号要善于使用抖音平台自带的工具开展运营活动，包括抖音热门话题、热门活动等，或者与其他影响力较大的账号联手，相互引流，扩大自己账号的粉丝规模。

综上所述，在抖音平台开展内容运营应该采取如下步骤：先确定账号定位，按照定位锁定用户群体，依据用户群体的特征及需求选择内容类型并进行内容生产与输出，按照平台要求不断升级内容，在运营过程中建立独立的IP。

实战攻略：企业号运营操作方法

◆抖音企业号运营策略

（1）寻找产品卖点：例如，怕怕App就是围绕业务内容制作视频，这类内容极具创意，非常容易获得用户关注。此外，海底捞、答案茶等品牌也是围绕产品制作内容，如海底捞的花样吃法短视频，集实用性与趣味性于一体，吸引了大量用户关注。

（2）打造品牌标签：打造标签指的是通过发布系列内容，让用户对品牌形成标签化认知。抖音有很多热门标签，如“谁说国画不抖音”“高考加油！我等你来”“送你一张动态壁纸”等。在抖音运营的过程中，奥迪创作了系列剧情式短视频，增强了用户对奥迪品牌的标签化认知。

（3）借势热点话题：抖音平台经常推出一些热门话题、热门音乐、热门玩法。企业号可以选择适合自己的热门内容拍摄短视频。

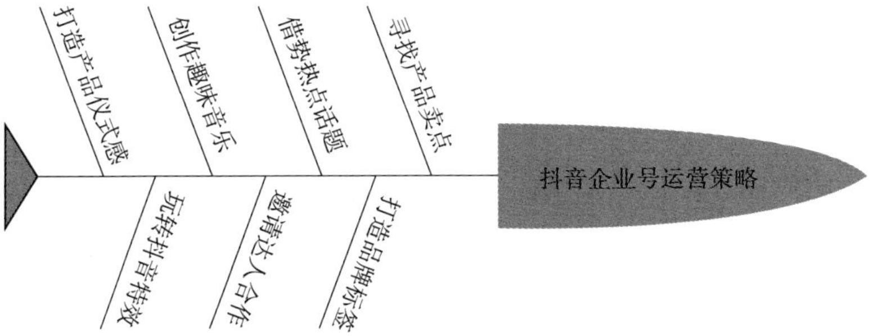

图5–4 抖音企业号运营策略

（4）邀请达人合作：吸引达人参与内容创作。方式一：企业请达人号创作内容，将产品或品牌信息植入其中，这种做法已非常常见。方式二：企业发起挑战赛，邀请达人参与创作内容。例如，必胜客与抖音平台合作发起了“DOU出黑，才够WOW”的挑战赛，必胜客面向年轻用户推出了烤肉黑批萨，吸引了很多达人参与内容创作，如办公室小野、Hana大喵哥、宋秉洋等，热度持续高涨。

（5）创作趣味音乐：在抖音平台，音乐是非常重要的流行指标，趣味音乐会吸引很多抖音达人模仿。为此，蓝V认证企业可以通过创作一首独属于自己的趣味音乐吸引抖音达人，引爆内容创作潮流。

（6）玩转抖音特效：抖音短视频平台推出了很多特效，蓝V企业号可以通过特效吸引用户。

（7）打造产品仪式感：蓝V企业号参与抖音创作最好为产品注入一些仪式感，其内容既要与产品调性、品牌调性相符，同时又要便于传播。

◆抖音企业号运营的注意事项

抖音企业号运营要注意以下两点：

（1）内容要有趣且实用，拒绝低俗模仿。品牌创作的内容最好有趣，而且要便于传播。例如，海底捞结合自身产品特色推出的花式吃法短视频就备受用户喜爱。借鉴海底捞的做法，企业可以结合自己的特点创作内容，如手机拍照的方法、产品外包装创意等。

（2）与热点相结合，拒绝无底线跟风。企业号可以参与热门话题与热门内容创作，但必须注意版权问题，严守底线。如果内容涉及历史人物、竞品供给等，要提前做好规范，以免引起不必要的纠纷。

因为代入感强、传播力强，再加上用户规模庞大，所以，短视频正在逐渐取代图文，在品牌营销市场占据主导地位。在众多短视频产品中，抖音营销平台凭借自己在流量、产品、技术等方面的优势脱颖而出，获得了很多品牌主的认可，吸引了越来越多的品牌入驻。

【案例】抖音企业号运营实践与启示

◆政府部门

央视、军队、公安、博物馆、科普教育机构、地方海关等政府单位已经开通了政务抖音账号。2018年8月31日，抖音官方举办首届政务媒体抖音号大会，并在大会上与国资委、新华网、生态环境部、央视国际频道、国际在线、国家卫生健康委员会等多个政府及媒体机构联合推出了“政务媒体抖音账号成长计划”。

清博大数据发布的统计数据显示，截至2018年8月，有近2240家政府机关开通了政务抖音账号，而且这一数字仍在保持快速增长。2018年9月

14日，公安部网络安全保卫局联合抖音举办“全国网警巡查执法抖音号矩阵入驻仪式”，全国省级、地市级公安机关170家网警单位集体入驻抖音。

中国长安网是中共中央政法委员会官方新闻网站，是全国政府综合治理系统的重要网络宣传阵地、信息发布渠道和舆论引导平台，在2018年3月8日正式入驻抖音。此外，央视一套于2018年4月24日入驻抖音，成为首个入驻抖音的官方媒体号。

图5–5 政务抖音号

通过对政务抖音号发布的内容进行分析可以发现，政务抖音账号主要是被政府部门视为一个连接、沟通、影响年轻人的重要媒介。其中，央视新闻抖音账号以日常新闻资讯为主；公安边防军队抖音账号则主要分享官兵训练及生活日常，那些展现特种兵强大意志力和业务能力的短视频甚至成为爆款内容。

海关抖音账号会分享一些工作人员参与抖音热门挑战赛的短视频，视频场景以日常工作场景为主，非常“接地气”；博物馆和科普教育抖音账号分享的主要是PGC内容，如物理化学实验的过程记录等。

◆餐饮企业

餐饮是一种高频、刚性需求，本身就有较高的话题性。创作好玩有趣的餐饮短视频内容，可以使品牌曝光量得到显著提升，海底捞和答案茶就是典型代表，不过两者受到抖音关注的逻辑有所不同。海底捞在抖音上的火爆源于美食达人自主在抖音发布海底捞独特吃法，借助的是抖音用户的自发传播；答案茶则是借助其创始人之一王秋涵的“茶饮+占卜”创意在抖音走红，并通过持续发布相关短视频作品将答案茶加盟店从0家做到了249家。

图5-6 “答案茶”蓝V企业号

◆教育培训机构

知识类内容是抖音用户关注的重要内容之一。目前，教育培训机构入驻抖音开设企业号渐成主流。例如，英语口语培训机构让专业的教师作为机构代言人，分享发音技巧，帮助其打造个人IP，从而吸引用户关注及转化；成人教育机构则借助KOL授课的形式，与用户分享职场心理、课程知识要点等方面的内容，在提高知识大V影响力的同时，也能吸引一批新学员。

图5-7 “潘多拉英语”蓝V企业号

◆运动健康机构

大量运动健身机构也在积极入驻抖音。例如，瑜伽教练在参与平台热门挑战赛时，会结合自己的瑜伽技艺展现高难度动作；健身教练则会分享健身知识、技巧，以及自身或学员健身成功的案例等。

◆快消品企业

快消品在人们日常生活中随处可见，抖音短视频内容容易让用户产生情感共鸣，实现广泛传播。以卫龙食品抖音官方账号卫龙辣条为例，其发布的各类短视频内容以大众在各类生活场景中吃辣条，或将辣条作为某种道具、工具为主，充满趣味性和话题性，获得了用户大量点赞及转发。

◆互联网企业

抖音是年轻用户的聚集地，而赢得年轻用户就是赢得未来。在这种背景下，互联网企业纷纷入驻抖音。以阿里云为例，阿里云设计中心抖音账号分享了工作中的各种有趣片段，展现了企业的人性化、专业化。

◆电商企业

电商企业运营抖音企业号需要找到产品或品牌的特色，并以用户感兴趣的形式予以呈现。以某珍珠电商品牌为例，虽然随着人们购买力的不断提升以及养殖技术的进步，珍珠产品不再是少数人才能拥有的奢侈品，但大部分人不了解其养殖过程。该品牌利用人们对未知事物的好奇心，制作了在养殖场开贝壳取珍珠的短视频，通过抖音用户的评论、转发获得了大量曝光。

服饰类电商企业在电商企业中占据较高比重，其企业号运营通常需要分享一些高颜值服装模特试穿效果图，以及KOL对工艺、面料等方面的点评内容。

在注意力经济时代，如果不能做好抖音等新媒体运营，不能与用户建立连接关系的企业，是很难实现长期生存的。抖音的崛起表明视频内容UGC化已成为一种主流趋势，入驻抖音成为企业的必然选择。但抖音企业号的运营并非易事，企业需要充分结合抖音平台及用户特征，密切关注抖音官方的相关资讯，了解平台ToB业务策略，争取以更低的成本、更高的效率帮助企业完成营销目标。

第6章

抖音POI：打造线下门店的营销闭环

案例1：实现门店信息的精准推送

目前，互联网流量红利已经消失，布局线上渠道的实体店在新客户开发环节要消耗更多成本，而且开发难度不断提高。怎样聚焦互联网用户的注意力，并引导他们到店内消费，是众多线下实体店关注的核心问题。

近两年，短视频新媒体平台在市场上迅速崛起，作为短视频行业的领先企业，抖音聚集了庞大的用户群体。那么，线下实体企业应如何在抖音平台布局，做好客户开发呢？

抖音官方于2018年10月30日举办"'Vwin蓝引力'2018抖音蓝V生态大会"，在会上全面讲述了抖音企业号的作用，其中，抖音官方推出的POI功能可以有效帮助实体企业进行客户开发。何为POI？为何它可以在实现线上与线下无缝对接，帮抖音企业号做好线上推广的同时，为线下门店引入庞大流量呢？

POI（Point of Interest，兴趣点）就像一个连通用户感兴趣信息与门店消费的时空隧道，可以让线上与线下无缝对接。POI运用了LBS定位技术，运营人员可以在发布的视频内容中添加门店POI信息。如果用户对短视频展示的产品感兴趣，可以直接点击POI进入门店信息页，然后根据提示信息前往门店体验或购买。

POI功能的具体作用体现在哪里？通过使用这个功能，企业能够获得官方提供的专属地址，以图标方式显示在抖音界面上，用户进入该链接后，能够观看企业发布的所有视频内容，获知企业开展的活动，并得到企业提供的优惠券，了解热销产品信息。

抖音POI功能的应用，能够连接线下实体店与网络用户，吸引用户观看实体店发布的短视频内容，熟悉实体店的商品及品牌，帮助用户在短时间内筛选出符合自身需求的产品，引导用户到实体店消费，有效促进转化。

在具体营销过程中，企业如何利用抖音POI功能获客？下面我们以西双版纳精品客栈——“花漾庭院”为例来阐述抖音POI营销的具体策略，希望能给线下实体店带来一些思考和启发。

【案例】花漾庭院：POI与“DOU+”功能的融合应用

“花漾庭院”此前缺乏老客户的支持，在网络平台的热度也不高。为改变这一局面，这家客栈决定在抖音平台开展推广活动。前期，推广难度较大，但抖音蓝V功能的应用帮客栈达到了获客目的。

在早期运营阶段，“花漾庭院”拍摄了一些民宿中的可爱动物上传到抖音平台，同时利用抖音POI功能添加了品牌信息。为进一步提高推广效果，“花漾庭院”还利用DOU+功能来扩大信息传播范围。该功能可以根据用户兴趣向其推送相关内容，开展精准营销，将门店信息推送给潜在目标消费者。

图6–1 “花漾庭院”蓝V企业号

数据统计结果显示，“花漾庭院”使用DOU+推送功能吸引的粉丝在全部粉丝中的占比达到23%，其中，对门店的视频内容点赞的用户达到25%。可见，抖音POI功能与DOU+的结合应用，能够有效带动粉丝到实体店进行体验。

此外，“花漾庭院”还与抖音用户群体进行互动，在平台推出一系列优惠活动。例如，进店消费的顾客可以在抖音上传短视频内容，视频要包含“花漾庭院”的相关信息，如果该视频的点赞量超过50个，就能获得房费减免优惠。通过在抖音开展线上互动，“花漾庭院”不仅提高了消费者的体验，还促使线下用户到网络平台进行门店推广，扩大门店信息的传播范围，促进目标消费者的转化。

如果线下门店能够发现用户的兴趣点，就可以利用抖音的POI功能，结合DOU+功能开展精准营销，通过这种方式引导消费者到实体店进行体验，在短时间内对目标消费者进行准确定位，促进品牌推广。

案例2：打通线上线下的消费闭环

【案例】成都老码头火锅：“POI+卡券”，构建完整的消费闭环

成立于2001年10月的火锅连锁品牌老码头，在上海、杭州、甘肃、福建、重庆等多个城市进行市场开拓，经过多年的发展，在线下聚集了大批消费者，成为一个具有影响力的品牌。在此基础上，老码头采用抖音POI配合卡券功能，将线上线下用户连接起来，形成了完整的消费闭环。

图6-2　“成都老码头火锅”蓝V企业号

老码头在启动抖音营销的初期，选择与一个具有粉丝基础的探店号合作开展推广，吸引客户进店消费。消费者用手机扫描餐桌或宣传广告上的二维码，录制包含门店定位信息的短视频内容，在抖音发布之后即可享受门店优惠。通过这种方式，老码头吸引了众多消费者参与。

通过抖音POI功能与抖音卡券相结合，老码头能够发挥进店消费者的线上引导作用，利用抖音的传播优势扩大宣传，提高品牌曝光度，吸引更多线上用户进店体验，很多年轻消费者就是在抖音看过相关视频之后才到实体店进行消费的。

数据统计结果显示，在活动开展期间，老码头火锅春熙店的消费者数量在20天内增加到了13000人次，每天有12桌顾客参与门店的优惠活动，门店营业额大幅提高。

【案例】成都吃客：实现线上线下的引流转化

“成都吃客”是当地一家比较有名的餐饮门店，在开通抖音账号后，很多用户会在平台搜索门店发布的内容。凭借自身的影响力，成都吃客利用抖音POI功能，配合卡券功能在平台推出电子优惠券，吸引领券用户进店消费，实现了线上推广与线下消费之间的有效衔接，有效地促进了用户转化。根据数据统计结果，2018年10月19日活动日，该店的卡券核销率为8.33%，远高于行业平均水平。

利用抖音POI功能配合其卡券功能，实体门店能够将线上用户引流到线下，实现高性价比的流量转化，在促进品牌推广的同时还能提升消费者体验。这种方式在呈现店铺信息的同时，还能在线上推送优惠活动的相关内容，进一步激发消费者进店消费的欲望。

在使用卡券功能时，实体门店要结合自身的实际情况选择合适的导流方式。若门店在线上聚集了大批粉丝，不妨通过推出电子优惠券将用户引导到实体店进行消费；若门店在线下吸引了大批消费者，不妨利用POI搭配卡券优惠，促使用户在线上发布内容，促进品牌传播。

案例3：借话题势能促进用户转化

【案例】黑山谷：POI+话题，促进用户转化

为了提高对潜在目标消费者的吸引力，企业要注重对POI页面的设计，在具体实施过程中，还要对用户的兴趣点进行把握，找到用户兴趣点与自身产品之间的连接点，将两者融为一体。

作为国家5A级旅游景区，重庆黑山谷对消费者的兴趣点进行了准确定位，利用抖音平台的话题挑战，加上达人推广，丰富了抖音的POI内容。

图6-3 “黑山谷”蓝V企业号

黑山谷在营销过程中突出了景区的特色，在抖音推出包含POI信息的话题挑战活动，以短视频内容的形式在线上平台展示景区风光，实现POI信息的有效触达。想去景区旅游的用户能够点击进入POI页面，浏览景区地址、图片、具体营业时间，并按照页面上显示的咨询电话联系景区工作人员。开展线下推广时，景区通过与知名度较高的达人合作，邀请用户参与互动，将互动过程以短视频的形式在抖音平台发布出来，鼓励游客前往知名度高的拍摄地进行体验，并在平台发布相关短视频，丰富线上平台的POI内容，进一步扩大线上宣传。

数据统计结果显示，2018年，黑山谷抖音POI内容的播放次数达250万，通过开展互动、对视频进行发布与分享，黑山谷吸引了大批用户，并利用POI功能为用户搜索详细信息提供了极大的方便，很多粉丝在平台内容的吸引下进行实地体验，转化效果十分明显。

抖音平台有一些有话题、有热度的品牌。这些品牌比较适合“POI+话题”的营销策略。品牌商要擅于挖掘用户的兴趣点，并突出产品特色，提高对用户的吸引力，丰富话题内容，进而推动品牌推广，促进线上用户转化。

在传统模式下，互联网用户先接收信息、关注信息，如果信息内容能够激发其兴趣，用户才会主动搜索，最终付诸行动。抖音营销能够缩短用户的行为路径，实现企业信息的高效传递，快速实现用户转化。POI功能的应用能够进一步提升企业的营销效率，还能与其他功能相结合，依靠抖音的传播优势扩大品牌宣传，吸引互联网用户进店消费。

除POI功能之外，抖音蓝V还为品牌商提供了许多营销组合模式，其服务对象也不限于实体门店。随着短视频营销的快速发展，越来越多的企业开始布局抖音，在抖音平台进行品牌推广、用户运营、数据统计与分析等，建立起完整的营销体系，逐渐提高营销效果。在后续发展过程中，企业将进一步挖掘抖音的营销价值。

案例4：强化用户参与感和互动性

随着线上购物大规模推广，越来越多的用户选择在实体门店进行体验，挑选到合适的商品后，在线上渠道中以较低的价格购买，这让零售门店经营人员非常困扰。抖音的崛起为实体零售门店解决这一问题提供了有效工具。

例如，2019年2月16日，大量抖音用户通过抖音POI前往所在城市的屈臣氏门店，利用手机上的优惠券购买商品。与此同时，他们还积极参与屈臣氏在抖音上推出的“2019做自己美有道理”挑战赛活动，获得魔盒领取码，前往屈臣氏门店领取魔盒。仅一周时间，便有超过22万抖音用户参与该活动。

图6-4 屈臣氏POI详情页

◆触点多：让用户自发成为品牌推广官

屈臣氏计划利用该活动为门店导入更多线上流量，促使门店的经营业绩实现快速增长。事实上，在流量成本持续攀升的当下，想要为门店导入更多流量，让用户成为品牌推广官无疑是一种成本较低、效果较好的手段。

为此，屈臣氏充分利用抖音达人的强大影响力，邀请其示范POI玩法，对粉丝行为与决策施加影响。多位抖音达人分享了带有屈臣氏定制贴纸和音乐的“2019做自己美有道理”挑战赛短视频，吸引用户广泛参与。之后，抖音达人又分享了魔盒开箱视频，引导获得魔盒的用户分享开箱视频，从而实现二次传播。

在该活动中，屈臣氏借助抖音达人对粉丝的强大影响力，将广大用户转变为品牌推广官，通过线上挑战赛和线下领魔盒的联动，吸引用户广泛参与。根据抖音官方数据显示，最终该挑战赛活动短视频累计获得21.8亿人次的播放量。

◆玩法多：满足客户不同营销诉求

屈臣氏作为一家拥有上百年历史的美妆零售品牌，实现品牌年轻化是其适应移动互联网时代的关键所在。而抖音是年轻时尚用户的聚集地，布局抖音对屈臣氏推进品牌年轻化具有重要价值。想要吸引时尚、潮流的年轻用户关注，屈臣氏需要为他们提供新鲜有趣的内容。与此同时，屈臣氏还要在此次活动中吸引用户到店消费，完成流量转化，切实提高门店经营业绩。

为实现这些目标，屈臣氏挑战赛采取了多种方法：以“2019做自己美有道理”为主题，迎合了年轻用户“追求美”的诉求，快速赢得用户的好感；邀请达人分享活动示范短视频，利用POI功能打通线下门店，并借助“DOU+”功能将短视频精准推送至目标群体；为用户发放优惠券，刺激用户前往实体门店购物消费；为参加挑战赛的用户发放魔盒领取码，刺激用户到店领取魔盒，分享魔盒开箱视频，进一步提高屈臣氏的曝光量。

图6–5 屈臣氏“2019做自己美有道理”活动挑战赛

◆链路短：提高用户转化效率

在传统营销模式中，从品牌曝光到达成交易需要经过多个环节，例如，用户了解产品后要搜索购买方式，货比三家找到成本最低的购买方式；用户在观看抖音短视频的过程中对视频展示的衣服、美食等产生购买冲动，但因为没有方便快捷的购买通道，便很快打消了购买念头。调查发现，在营销活动中，需要用户主动做的事情越多，达成交易的可能性就越低。

而POI有效缩短了购买路径，抖音用户分享带有屈臣氏门店POI的短视频后，其他用户观看短视频时可一键跳转至屈臣氏抖音企业号，了解周边屈臣氏门店信息。

同时，抖音POI充分迎合短视频社交带来的裂变传播，让用户成为品牌代言人，帮助品牌以较低的成本实现引流转化。与此同时，抖音充分利用年轻用户热衷尝试新鲜事物的特性，对营销玩法进行革新，赋予品牌更多的情感与温度，激发用户的互动欲望。此外，抖音认识到在移动互联网时代，快节奏已成为主流趋势，人们渴望更加方便快捷的生活方式。基于这一点，抖音利用POI缩短了从产品曝光到交易购买的路径，减少用户流失，让品牌切实受益。

与屈臣氏合作是抖音POI商业化探索的典型案例，抖音不但可以从中积累经验，还能利用该案例的示范作用吸引更多的品牌商与之合作，所以，抖音在此次活动中为屈臣氏提供了一系列资源支持；而屈臣氏为了推动品牌年轻化，赢得更多年轻用户的支持与认可，同样为此次活动投入了大量资源，如全国所有屈臣氏门店都支持使用优惠券，并免费提供上万份魔盒礼品。在双方的通力合作下，用户获得了充满互动性与体验感的绝佳体验，促使此次活动大获成功。

第7章

政务抖音号：政务新媒体运营策略

政务新媒体：打造现代传播能力

2018年3月19日，抖音召开品牌发布会，在发布会上，抖音产品经理王晓蔚宣布抖音正式启动“美好生活”计划。该计划以“记录美好生活”为主题，由“DOU”计划、“美好挑战”计划、社会责任计划三部分构成。按照计划要求，抖音会在旅行、时尚、美食、游戏、运动、宠物等美好生活领域投入更多资源，并与政府、媒体、公益机构开展广泛合作。

此后，大量政府机构入驻抖音，希望借助抖音以更接地气的形式增进政民互动，改变大众对政府职能部门严肃、刻板的传统印象，传播更多的正能量。

2018年6月，洋葱集团[①]旗下洋葱智库发布了国内首份《抖音政务类账号报告》。该报告指出，截至2018年6月，超过500家政府机构和媒体开通了抖音账号，其中，各级公安单位账号占比最高，该类账号分享的短视频累计播放量达到16亿人次以上。

政法系统类抖音账号在抖音政务账号中占比达到了38%；旅游文化类抖音账号经营主体主要是各地旅游发展委员会，西安、重庆旅游文化类抖音账号表现尤为突出；在地方宣传类抖音政务账号中，虽然有人民网、中国长安网这种获得大量关注的全国性新闻媒体，但受地方性宣传部门重视程度不足、观念落后、人才缺失等因素的影响，这类抖音政务账号关注量整体表现不佳。

该报告还对重庆市、陕西省、山东省、四川省各级各部门抖音账号进行了对比分析。其中，陕西省、山东省在抖音账号运营方面投入了较多资源，对抖音账号的表现产生了颇为积极的影响。

表7–1　重庆市政府抖音号[②]

抖音账号	获赞数（万个）	粉丝数（万个）	作品数（个）	运营部门
平安重庆	6199.1	241.2	820	重庆市公安局
平安合川	135.0	9.5	18	重庆市合川区公安局
平安渝中	4404.0	108.6	557	重庆公安局渝中区分局
平安渝北	12.7	2.0	120	重庆市公安局渝北分局

① 洋葱集团成立于 2016 年，是目前国内抖音领先的内容机构。洋葱集团旗下拥有超过 3000 个合作达人资源，累计服务超过 100 家品牌，包括迪奥、Sony、必胜客、华为等知名品牌。

② 数据截至 2019 年 3 月 8 日。

表7-2 陕西省政府抖音号[①]

抖音账号	获赞数（万个）	粉丝数（万个）	作品数（个）	运营部门
陕西旅游	88.4	11.3	157	陕西省旅游发展委员会
西安商务	258.6	14.4	467	西安市商务局
陕西韩城旅游	1.7	0.3	122	韩城市旅游发展委员会
西安发布	2.8	10.3	125	西安市互联网信息办公室
畅通西安	15.9	1.5	84	西安市公安局交通管理局

表7-3 山东省政府抖音号[②]

抖音账号	获赞数（万个）	粉丝数（万个）	作品数（个）	运营部门
济南市旅游发展委员会	29.6	9.8	379	济南市旅游发展委员会
好客山东	444.9	26	371	山东省旅游发展委员会
临沂城市管理	17.0	1.8	188	临沂市城市管理局
山东高速交警	2014.3	132.4	380	山东省公安厅高速交警总队
临沂市旅游发展委员会	339.0	30.6	119	临沂市旅游发展委员会

表7-4 四川省政府抖音号[③]

抖音账号	获赞数（万个）	粉丝数（万个）	作品数（个）	运营部门
成都特警	301.4	58.4	19	成都市公安局特警支队
平安甘孜	346.1	18.0	96	四川省甘孜州公安局
乐山交警直属一大队	40.3	3.7	32	乐山市交警支队直属一大队
平安达川	91.3	6.1	65	四川省达州市公安局达川分局
乐山交警	17.3	6.3	65	乐山市公安局交通警察支队

在抖音账号内容方面，目前，政务抖音号内容存在以下几个方面的特征：

（1）与时代热点相结合。

① 数据截至 2019 年 3 月 8 日。
② 数据截至 2019 年 3 月 8 日。
③ 数据截至 2019 年 3 月 8 日。

（2）能够体现一定的部门特色。

（3）积极分享故事类、创意类内容。

（4）有自己的风格和调性，积极建立并维护“人设”。

（5）更为个性化、更接地气。

在抖音账号运营方面，抖音政务账号更新频率较为稳定，而且经常发布各种正能量挑战活动，观看设置非常人性化。例如，政务抖音号“中国长安网”（运营主体是中央政法委官方新闻频道）采用封面竖屏、视频横屏观看的呈现形式，并为用户贴心地设置视频横竖切换的提示，为用户观看短视频提供便利。

图7–1 “中国长安网”政务抖音号

推进国家治理体系和治理能力现代化是我国全面深化改革的总目标，而现代传播能力是治理能力现代化的重要体现。考核新闻机构现代传播能力的指标有很多，能否对海量用户特别是年轻用户形成有效引导就是一项关键指标。

作为业内领先的短视频平台，抖音存在亿级年轻用户，是各级新闻机构强化自身现代传播能力的重要实践平台。未来，各级新闻机构要进一步提高自己在抖音平台输出优质内容的能力，与年轻用户开展深层互动。具体来看，抖音之所以适合开展政务新媒体运营，就是因为拥有以下三大优势。

◆抖音短视频用户规模庞大

建立现代传播能力要求对大规模用户形成有效引导。为此，政务新媒体要坚持“用户集中分布在哪就应该在哪提供服务，用户需要什么就应该服务什么”的原则。2019年2月28日，中国互联网络信息中心（CNNIC）发布了第43次《中国互联网络发展状况统计报告》。报告显示，截至2018年12月，我国网民规模达8.29亿，全年新增手机网民6433万。短视频用户规模达6.48亿。而抖音是国内短视频用户的主流聚集地，政务新媒体通过运营抖音，可以为亿级短视频用户提供服务，逐步对其形成有效引导。

◆年轻用户是抖音用户主力军

年轻用户是国家和社会的未来与希望，服务并引导年轻用户是建设现代传播能力的具体要求。2019年1月2日，抖音短视频与字节跳动算数中心联合发布《2018年抖音电影白皮书》。该书指出，抖音App站内数据显示，抖音用户的男女性别占比分别为45%与55%；35岁以下的年轻人群超过90%。因此，政务新媒体通过运营抖音可以服务并引导年轻用户。

◆抖音短视频形式更容易被用户接受

现代传播能力应该以人为本，这要求政务新媒体要注重用户体验，以用户接受度更高的形式与之交互。随着移动互联网在各行业的持续渗透，以及智能手机、iPad等智能移动终端的推广普及，人类进入了移动化、碎片化、可视化的传播时代，短视频消费成为互联网主流内容消费形态。与图文内容相比，短视频内容可在单位时间内传播更丰富、更具冲击力的信息，而且制作门槛较低，非常适合政务新媒体运营人员使用。

政务抖音：重塑社会治理新模式

2018年8月31日，抖音短视频在北京举办《政务媒体抖音号大会》，并与国资委、国家卫生健康委员会、中国铁路总公司、央视国际频道、国际在线、新华网等11家政府、媒体机构联合发布“政务媒体抖音号成长计划”。在该计划中，抖音将会为政务新媒体提供专业培训、内容生产支持，从而提升政务抖音号的运营能力，弘扬主旋律，传播正能量。

近年来，国家网信办等相关部门对网络短视频行业发展给予高度重视，从政策引导、行业监管等方面推进网络短视频行业的健康稳定发展。可以预见的是，在诸多利好政策的综合作用下，抖音等短视频平台将在推动社会治理模式创新方面发挥非常重要的作用。

◆政务新媒体等已经在抖音高速发展

（1）政务抖音号数量高速发展。

2018年3月8日，中国政法委官方网站中国长安网入驻抖音，开设首个政务抖音号“中国长安网”。此后，公安、旅游、法院、文化、共青团、地方发布等政府部门纷纷入驻抖音。2018年4月21日，“央视一套”入驻抖音，成为首个入驻抖音的抖音媒体号。之后，“央视新闻”“央视财经”“央视综艺”“春晚”“CCTV4”等中央广播电视总台央视系列账号随之纷纷入驻，截至2019年1月，全国入驻抖音的政务媒体号已经达到7000个。

图7-2 央视入驻抖音

（2）政务抖音号传播效果良好。

★视频发布量和播放量均快速增长。在《政务媒体抖音号大会》上，抖音负责人公布了政务抖音号运营数据，截至2018年8月15日，抖音短视频平台政务媒体账号超过2800个，发布视频近10万条，播放总量超过500亿人次。其中，政务抖音号视频总播放量415亿人次，抖音媒体号视频总播放量162亿人次。

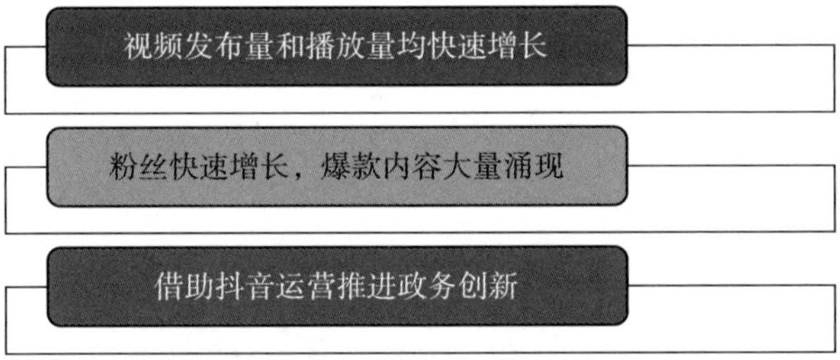

图7–3　政务抖音号的传播特点与效果

★粉丝快速增长，爆款内容大量涌现。共青团中央于2018年3月入驻抖音后，仅一个多月的时间便获得1400万点赞，积累了近90万名粉丝。截至2019年3月8日，累计点赞量达到4892万，粉丝量达到289.5万。2018年5月3日，北京市公安局反恐怖和特警总队入驻抖音，开设抖音账号“北京SWAT”，并发布了一条特警队员日常训练（包括狙击射击、实战演习等）短视频。新鲜独特的内容，搭配抖音流行背景音乐，该条短视频仅用半天时间便获得了7万评论和250万点赞。

★借助抖音运营推进政务创新。2018年6月7日，广西南宁市兴宁区法院在全国首创利用抖音发布执行悬赏，抖音号分享了一条包含10名“老赖”信息（包括失信被执行人的身份情况、案件概要、执行悬赏金额、悬赏专线等）的短视频。2018年6月20日下午，“老赖”之一周某俊在妻子的陪同下来到广西南宁市兴宁区法院，积极配合执行。广西南宁市兴宁区法院的这一创新举措获得社会各界的广泛关注，吸引各大媒体争相报道，如《人民日报》专门为这一事件发布文章《破解执行难再添新利器》等。

◆政务新媒体等在抖音将取得更大发展

未来，得益于抖音平台的优质资源支持、政府部门的高度重视，以及政务媒体人运营能力的持续提升，抖音政务新媒体将爆发出更大的能量。具体来看，抖音平台将从以下几个方面为政务新媒体提供大力支持。

（1）以更具针对性和实操性的方式对政务新媒体进行专业培训。抖音将邀请社会各界的专家学者、媒体工作者、短视频创作达人等为政务新媒体运营人员提供专业培训，帮助其切实提高抖音账号运营能力。

（2）制作升级，推动抖音政务新媒体持续输出优质内容。抖音将推动平台中的顶级短视频制作团队与政务抖音号合作，帮助政务抖音号生产优质内容。同时，抖音将积极引导平台上的明星达人创作更多正能量内容，为政务抖音号内容的裂变传播创造良好的氛围。

（3）百号百万粉，抖音将在一年时间内协助政府部门打造一百个拥有百万级粉丝的政务抖音号。

（4）联合政务抖音号举办正能量活动。抖音将与政务抖音号合作举办各类线上、线下正能量活动，通过创意贴纸、“魔性”音乐等方式吸引广大用户积极参与。

内容生态：政务服务模式多元化

抖音为政府部门拓展政务服务构建了新渠道。政务新媒体利用抖音推进政务公开、加强政民互动、创新政务服务等，可以推动“互联网+政务服务”模式落地，促进政务服务模式多元化、渠道立体化，建设人民满意的服务型政府。

抖音政务新媒体运营已经初步取得了颇为良好的实践效果。2018年5月15日，中国国家博物馆、湖南省博物馆、南京博物院、陕西历史博物馆、浙江省博物馆、山西博物院、广东省博物馆集体入驻抖音，并联合推出了“博物馆抖音创意视频大赛”。其中，作为大赛重要组成部分的《第一届文物戏精大会》活动更是点燃了抖音用户的传播热情，不到一周时间，便取得了累计播放量突破1.18亿人次、点赞量达650万的优秀成绩。

下面我们从内容生态视角，结合政务抖音号的运营实践案例（选取了很正警、青春鄠邑、桃山网警、防骗小助手、平安佳木斯、小捕阿汤哥、健康临安办、冰城巡特警、中国警察网、集宁政法·法眼看天下10个政务抖音号，并以其2018年7月15日到8月15日的运营数据为样本），对抖音推动政务服务模式创新进行深入分析。

◆公安类政务抖音号活跃

在该样本中，公安类政务抖音账号表现尤为突出。这类账号分享的办案现场、执法案例等内容不仅具备传播正能量的属性，还具有一定的趣味性，非常容易获得年轻用户的喜爱。截至2019年3月8日，防骗小助手粉丝量为103.5万、中国警察网粉丝量271.1万、平安佳木斯粉丝量201.6万、桃山网警粉丝量488.9万。

◆主题多样，以宣传警察形象、正能量为主

上述10个政务抖音号在一个月的时间内共计发布短视频838条，发布量最高的是很正警（184条），发布量最低的是小捕阿汤哥（22条），平均每个账号每日发布短视频2.8条，与主流抖音号内容发布频率基本一致。内容主题丰富多元，其中宣传警察形象、正能量的内容占比较高，前者为170条，占比20.3%；后者为137条，占比16.3%。

在宣传警察形象内容方面，公安、交警、特警在不同场景中开展工作的短视频内容打动了大量抖音用户，对传播警察形象产生了非常积极的影响。此外，萌宠、萌娃、向英雄致敬、警察办案案例、军人形象宣传类内容的占比也非常高。

萌娃、正能量、警察办案案例三个主题短视频内容在总内容中占比50%。在萌娃类短视频内容中，萌娃与警察互动的短视频内容尤其受粉丝青睐，对促进警民关系和谐产生了积极影响；正能量主题的短视频内容以社会好人好事为主，各账号分享了多个此类短视频内容；在警察办案案例主题短视频内容中，具有一定趣味性的短视频传播效果更佳。

◆视频画面多样化，专业性强

抖音鼓励用户用短视频记录美好生活瞬间。普通用户分享的内容以日常生活内容为主，仅利用平台提供的工具进行简单加工，专业程度较低。

而上述10个政务抖音号的838条短视频内容来源广泛，其中，194条短视频是经过深度加工的短视频，这表示抖音政务号运营人员对内容质量非常重视。此外，时效性强、画面感强烈的摄像头监控画面内容有101条，获得较多点赞。

◆呈现出显著的新媒体话语特征

作为政务新媒体的典型代表，政务抖音号不仅注重内容的权威性，还关注语言的活泼程度、人性化程度，语言、内容都非常接地气。抖音是年轻用户的聚集地，而年轻用户本身就非常讨厌条条框框的束缚，追求娱乐、彰显个性。在这种情况下，政务抖音号要与时俱进，以新潮、活泼的语言与抖音用户交流互动。

（1）口语、短句、语气词较为常见。短视频时长短，主要用于碎片化场景，使用短句、口语化的语言更容易被用户接受，提高用户观看的流畅性。而使用语气词既是口语化的体现，又能向用户传递某种情感，增强短视频的感染力。如政务抖音号“很正警”为一条体现残疾运动员奋勇拼搏精神的短视频配文时，使用了短句“那一刻，他是王者！”。这句简短有力的语言凸显了残疾运动员在赛场上拼搏的英姿，引发了粉丝的口碑传播。

（2）使用网络用语和表情包。近年来，人们对网络词汇和表情包出现在主流媒体报道中已经习以为常，抖音作为一个大众化、生活化的新兴媒体，存在很多网络词汇和表情包。政务抖音号使用网络词汇与表情包更符合平台特性，也迎合了用户需求，能够有效拉近政府部门和网民之间的距离。

（3）有专属人设。建立某种人设是新媒体运营的重要手段，对吸引用户关注、沉淀忠实粉丝具有非常重要的价值，抖音政务新媒体运营也是如此。如警察类抖音政务账号为体现警察维护社会治安、守护人民安全的职能，运营人员可以为账号建立一个真诚、可靠、值得人民托付的人设。

功能呈现：有效激发社会正能量

政务新媒体为政府和民众搭建了全新的沟通桥梁，有助于增强政民互信。与政务传统媒体相比，政务新媒体在“两微一端”（微博、微信及新闻客户端）上的创新主要表现为人性化、亲民化。而抖音平台的一大特色在于，它有更强的娱乐属性，其政务新媒体运营方式应该和“两微一端”有所差异。那么，政务抖音号运营如何体现其价值呢？

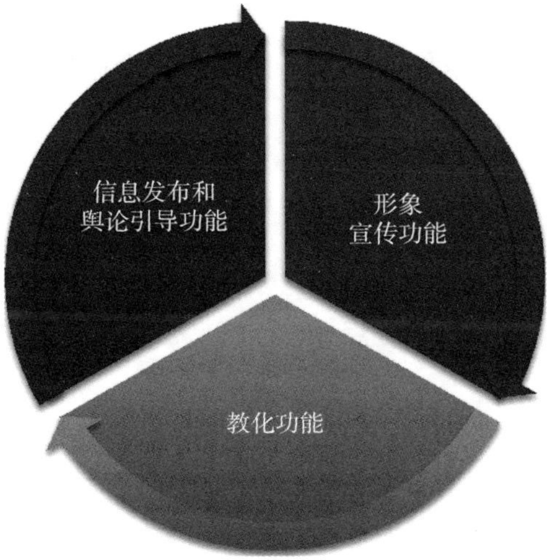

图7–4 政务抖音号的功能与价值

◆形象宣传功能

与微博、微信、今日头条等新媒体相比，虽然抖音也是内容分发平台，但在它分发的内容中新闻资讯内容占比较小，这与其他新媒体存在较大的差异。在日常生活中，人们浏览微博、微信不仅是为了满足社交需求，还希望获得各种资讯。

而抖音并非如此，抖音作为一个具有重要社会影响力的亿级用户媒体平台，生活化、娱乐化的内容是其吸引用户留存、实现流量转化的重要手段。为方便用户制作短视频，抖音开发了美颜滤镜、创意贴纸、特效等一系列简单实用的视频制作工具，降低了普通用户制作的短视频的门槛，提高了人们主动分享生活趣事的积极性。

这一特点决定了政务抖音号更适合进行形象宣传，而非资讯发布。上述10个政务抖音号运营实践也很好地说明了这一点，它们发布的内容以形象宣传内容为主，如分享警察办案、民警为群众服务的实时画面，使民众了解警察工作日常，塑造了警察亲民、爱民，争当“人民卫士”的良好形象。政务抖音号“中国警察网”发布的“安徽太和46岁辅警张新看到一位女子跳河后，为了在第一时间救人，顾不上穿救生设备便跳入冰冷河水中”的短视频，获得5.5万粉丝点赞。

◆教化功能

媒体不仅能发布信息，还能产生教化作用。美国学者C.R.赖特在《大众传播：功能的探讨》一书中提出大众传媒“四功能说”，即大众传媒在环境监视、解释与规定、提供娱乐、社会化功能方面有重要作用。其中的社会化功能是指大众传播在传播知识、价值以及行为规范方面的作用，即教化作用。政务抖音号的教化功能主要通过知识普及和案例分享来实现。

一方面，政务抖音号可以直接分享实用知识和技能。例如，多个警察合作分别饰演不同的角色创作情景剧，来普及民众遇到某种情况时的应对策略。以政务抖音号“中国警察网”发布的案情模拟短视频《遇到警察临检应听从指挥，如果拒不配合……》为例，该条短视频分享了警察遇到拒不配合临检的车主如何处理的相关知识，获得192.1万次点赞。

另一方面，政务抖音号可以借助分享短视频内容来引导网络舆论，帮助年轻用户树立正向价值观。与直接说教相比，通过分享实际案例现场说法效果更佳。如政务抖音号“防骗小助手”分享了一条“传销到底多可怕，看完你就知道了”的短视频，内容来源于警方查获的视频，在这条短视频中，不法分子以举办“健康”讲座的名义欺骗中老年人，最终被温州警方全部抓获，以实际案例说明传销的危害，起到警示作用。

◆信息发布和舆论引导功能

事实上，信息发布和舆论引导是政务新媒体的日常工作，运营人员在政务抖音号上也可以发布信息。只不过，抖音平台娱乐化、生活化内容较多，政务抖音号发布的信息很难达到预期的传播效果。在上述10个抖音账号发布的838条短视频中，属于信息发布的短视频仅有5条，而且基本都是以照片合集的形式发布的。

Part 3

爆款内容篇

第8章

内容为王：低成本打造抖音流量池

推荐机制：衡量内容效果的指标

在抖音平台，内容生产者通常会发现一个问题：内容播放量与粉丝数量不对等。导致这一问题出现的原因就是抖音平台在向用户推送内容时，会对内容的实时热度、用户关系、算法属性进行综合考虑，这是抖音平台与其他社交平台的显著区别。

从某个层面来说，抖音的内容呈现就像一场竞赛。内容生产者生产的所有内容会先进入基础流量池，只有在这里取得领先优势才能进入更大的流量池，获得更大的曝光度，这个过程循环往复。

在这种流量分配机制下，抖音账号发布一条短视频，要想让这条短视频获得更大的曝光度，就必须提高评论量、点赞量和转发量。在抖音平台，有些内容会长时间停留，就是因为这些内容在这三个维度上都有很好的表现，可以在精选池停留较长时间，自然就能获得持续曝光。所以，了解抖音的内容推荐机制，就能对抖音平台的内容曝光规则做出更好的理解。

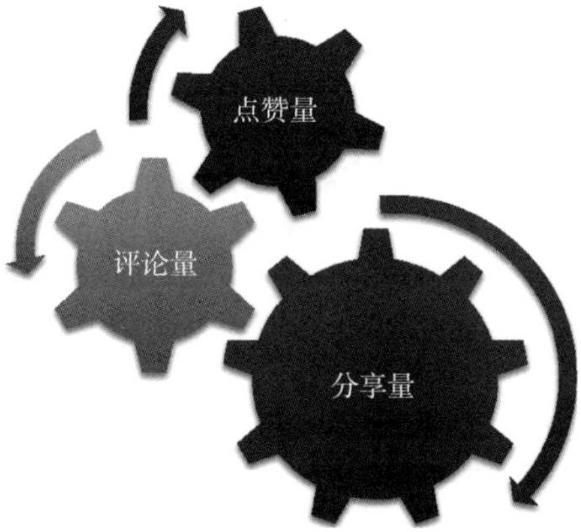

图8-1 抖音的内容推荐机制

（1）点赞量：点赞行为代表用户对该视频比较满意，是对视频质量的肯定和鼓励。能够得到较多用户点赞的视频，很容易实现广泛传播。

（2）评论量：想要提高短视频评论量，需要运营人员在短视频内容中进行引导，如在内容中向用户提问，邀请用户在评论区留言。评论区是体现抖音平台社交属性的重要板块，既包括抖音号与粉丝之间的社交关系，也包括粉丝与粉丝之间的社交关系。此外，有些用户在观看短视频前，会先看评论，如果有一些较为有趣的评论，会有效提高视频的观看量。

（3）分享量：抖音平台鼓励用户将短视频分享到其他渠道，如QQ群、朋友圈、微博等，这一方式将有效提升抖音的曝光量，为平台带来更多流量。提高抖音短视频分享量的关键在于，视频本身有分享价值，虽然通过分享参与抽奖、领红包等方式也能提高分享量，但成本较高，而且如果视频质量较差，盲目刺激用户分享往往会适得其反。

运营抖音号需要长期为目标用户提供满足其需求的内容，其内容来源主要包括原创、转载及微创新。其中，原创内容对创意有较高要求，需要付出较高的成本，当然，质量也能得到有效把控；转载或者说是搬运成本低，但会涉及版权问题，如果被原视频主举报可能会被封号；微创新是提炼其他视频中的优秀元素进行创作，适合绝大部分运营者，毕竟不是每个人都具备原创能力。

在创作抖音短视频中，创作人员可以使用字幕调节、添加特效等工具，合理运用这些工具会让短视频制作取得事半功倍的效果。把握用户需求热点，对抖音运营来说极有帮助。运营人员可以参考一些第三方平台提供的数据，如“TooBigData”提供的抖音KOL数据、网红排行榜、热门视频等。

抖音为了控制视频质量，确保用户获得良好体验，会将一定周期内所有用户上传的视频归到“待推荐列表”，由抖音审核员进行审核，审核顺序会按照视频得分进行。视频得分由后台系统依次对账号资料完成度、账号认证、推荐基数、播放量、双基数、评论数、分享量、发布时间等多个评分项进行评分，最后加权得出一个总分。总分越高，审核次序越靠前。

需要指出的是，抖音的热点更迭速度非常快，每天会出现多个热门，有可能某条短视频上午还是热门内容，下午就会被新热门所取代。所以，运营抖音时，运营人员要对时效性保持较高的敏感度，通过抖音官方及第三方平台实时了解平台的热门内容。

基础操作：视频制作与优化技巧

◆视频制作

（1）短视频保证原创，画面清晰，内容充实，人物大方得体。

（2）根据热搜榜单或挑战赛话题，与企业自身的实际情况相结合，选择一种合适的方式切入热点。

（3）视频内容充满正能量，树立良好的企业形象，吸引更多粉丝。

（4）短视频可讲述企业或品牌的成长故事，以情怀感动受众。

（5）短视频可携带POI地址，吸引更多本地受众。

（6）企业或品牌可让代言人录制短视频，借助代言人的明星效应带来更多流量。

（7）如果企业或品牌在企业号投放广告，要遵循以下原则：

★短视频中不能出现联系方式，包括手机号、微博、微信、二维码、地址等；

★短视频标题中不能出现抽奖、暗示价钱、赠送礼品等方面的关键词；

★短视频广告不能对站外平台进行引流；

★短视频广告中的产品推广内容必须与企业号认证资质有关。例如，某公司的认证是服装企业，却发布财经类短视频，就会被判定为短视频内容与企业认证资质无关。遇到这种情况，平台就会暂停企业认证，并对企业进行教育。

◆增加推荐量

（1）短视频可以携带企业号认领成功的POI地址，让更多本地用户看到视频。

（2）企业或品牌将短视频在抖音平台发布之后，可以请同事、亲朋好友帮忙转发、评论，这种有价值的互动越多，视频可获得的推荐量就越高。

（3）企业或品牌要积极参加抖音挑战赛，借此提升自己的曝光率。

（4）内容与标题要多展现有利于社会发展的、正能量的内容。

◆数据监测

在视频发布出去之后，运营人员要时时关注视频产生的数据，通过分析数据发现问题。只有优质的、备受用户喜爱的内容才能实现二次传播，所以，如果内容质量不好，运营人员就要根据数据分析结果及时对内容进行调整。一般来讲，为了保证视频数据收集的完整性，数据收集要从以下几个方面切入。

（1）点赞量。运营人员要将每个视频的点赞量记录下来，作品的点赞量越高，获得的曝光度就越高。

（2）评论与私信。通过评论与私信，运营人员可以收集用户反馈，找寻视频创作灵感，还可以通过与用户交流互动提高粉丝转化率。

（3）粉丝增长。粉丝越多，视频基础播放量就越大。所以，运营人员要将每个视频发布后的粉丝增长情况记录下来，了解用户喜恶，对后续的内容进行调整，迎合用户喜好，增加粉丝数量。

（4）其他。除此之外，运营人员还要收集视频播放时长、互动率、播放完成率、点赞量、转发量等数据。通过这些指标，运营人员可对视频质量做出科学的评判。

◆内容优化

在账号运营及发展过程中，为了满足粉丝对视频质量逐渐提升的要求，运营方要积极改进与优化。当账号粉丝增长到一定阶段之后，其发展就会陷入停滞期，这就意味着运营方要在现有的基础上进一步提高内容质量。如果做不到这一点，就无法提高对用户的吸引力，导致粉丝增速下降。

出现这种情况后，很多运营方会将问题归咎于官方对账号的流量限制，忽视了对自身问题的反省与总结。例如，账号还可以在哪些方面改进视频内容？可以通过哪些方式提升画面质量？镜头的选用及切换能否更加灵活？能否通过其他方式提高内容的吸引力？为了找到问题的答案，运营者要对同类账号进行研究，通过对比分析发现自身存在的不足并加以改进。

经常观看抖音视频的用户会发现，过去，抖音首页会推送许多粉丝量多的大号在平台发布的内容，但现在，很多粉丝量较少的小号发布的视频反而更多地出现在平台首页。从平台推荐的角度来看，这种情况的出现与官方对账号的限制有关，但也说明这些大号需要进一步提升视频质量。

以视频中的字幕为例，很多内容创作者都忽视了字幕对整个视频内容呈现效果的影响。但事实上，字号、字体格式都关乎用户观看视频的体验。人们使用的手机不同，终端界面的视频呈现效果也不同。另外，界面右侧的功能键可能会给用户观看视频造成一定的障碍，导致用户难以接收部分关键信息，或者不能看清所有字幕。

为提升用户的观看体验，运营方应该尝试采用多种内容形式，对同类账号的内容呈现方式进行分析，积极创新，在发展过程中不断完善。

挖掘需求：用户关注背后的动机

获取足够规模的用户是抖音运营最基础也是最重要的一项工作，随着抖音流量红利爆发，越来越多的自媒体和企业开始运营抖音号。但在用户注意力被过度分散的局面下，想要让用户关注抖音号并非易事。下面对用户关注抖音号背后的动机进行深入分析，以便为抖音号运营者提供有效的指导与帮助。

近两年，抖音长期保持着较高的热度，其间出现了很多KOL，很多品牌都想借抖音红利分一杯羹。然而现实情况是，大部分抖音号运营状况并不理想，很多抖音号没有获得足够的用户关注，引流变现成为一种奢望。

导致这种情况出现的原因有很多，缺乏清晰明确的内容调性，盲目追随热点是一个重要原因。很多运营人员发现新热点后迅速模仿复制，希望通过追随热点获得较大曝光量并吸引用户关注，但事与愿违，用户关注情况并不理想。

想要获得用户关注，运营者必须首先思考“用户为什么会关注”。事实上，让用户在百忙之中关注抖音号，并非是因为抖音号通过追随热点偶尔能提供爆款内容，而是因为用户关注后可以使自身需求得到长期满足。

具体来说，触发用户关注的动机可以概括为以下5种：

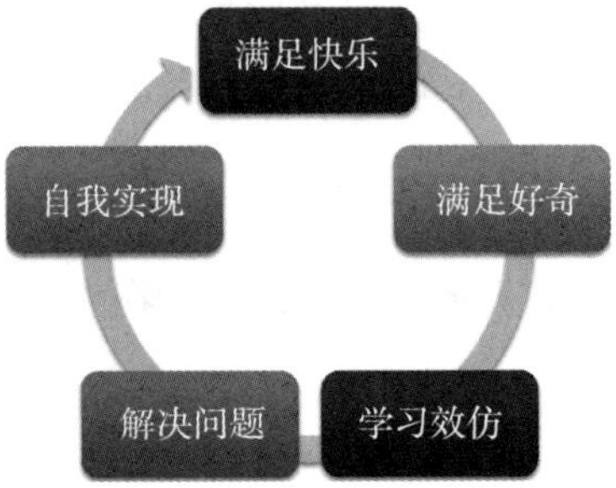

图8-2　触发用户关注的五大动机

◆满足快乐

寻找快乐，逃避痛苦是人的天性，快乐是人长期的追求。随着生活节奏越来越快，人们在日常生活中会感受到来自方方面面的压力，通过娱乐内容缓解压力是一件很正常的事情。

在烦躁、痛苦、无聊时，打开抖音观看一些好玩有趣、鼓舞人心的视频，抚慰受伤的心灵，是抖音用户的普遍选择。久而久之，很多用户就养成了每天刷抖音的习惯。科学研究发现，初级大脑管理着人类的直觉系统，主导着人的情绪欲望，趋利避害是永恒追求。所以，当初级大脑发现某个抖音号可以持续提供让人快乐，缓解压力和痛苦的内容时，就会产生关注行为。

如何利用这种动机，让用户关注抖音号呢？比较可行的方案就是为抖音号建立清晰的人设，让用户对抖音号形成固定的印象，让用户的初级大脑认为该抖音号可以持续满足其追求快乐、逃避痛苦的需求。

盲目追随热点的抖音号很难让用户对其产生较高的期待，因为它无法为用户提供稳定的内容。而有清晰人设的抖音号提供的内容可以在风格、调性方面保持一致，内容具有可预见性，用户会对其形成期待，从而愿意成为其粉丝。

以抖音号“天天笑园”为例，该账号为各个人物设定了特定的角色，以及固定的表演风格，很多用户因为认可某个角色而关注账号，从而使账号快速积累了大量忠实用户。

如果角色定位和表演风格混乱，不仅难以让用户成为某个角色的粉丝，不利于账号的粉丝积累，还会对视频策划者对内容的把控能力、人物的表演能力等提出极高的要求，使抖音号运营成本显著提升。

清晰的人设可以有效解决这些问题，用户会对各个角色形成特定的印象，主动联想其声音、动作、神态等。如一位喜剧演员就算被分配了一个较为严肃的角色，其一举一动也会让观众感到快乐，从而让观众认可整个作品，认可整个账号。

◆满足好奇

好奇心对人的影响非常深远。所以，运营人员提供新鲜、稀奇、富有创意的内容也是吸引用户关注的有效手段。

受地域限制，大部分人日常生活中不会接触到外国人，更不了解他们的想法。所以，“外国人如何看待中国的一些事物”这个话题会激发很多用户的好奇心，在好奇心的驱使下，用户会愿意了解这些内容。如果抖音号运营者可以有针对性地为用户提供这类内容，往往能取得颇为良好的效果。

人作为一种社会性动物，对他人如何评价与自己相关的事物保持着较高的关注，虽然我们提倡“不要为他人而活”，但真正能做到忽略他人观点，活得自在、活得潇洒的人仅占很小的比例。

所以，关于对某些人物的评论的内容也非常容易激发用户的好奇心。新奇有趣的冷知识也是不错的选择，以抖音号“地球村讲解员”为例，该账号推出的“消失系列”内容备受用户青睐。用户通过了解这类内容，可以增长见识，丰富自身的知识体系。同时，这类内容为用户的日常社交提供谈资，让用户在与亲朋好友分享冷门知识时有较高的成就感和满足感。旅游类、探险类内容在抖音平台异常火热，与这些内容满足人们了解世界的需求存在直接关联。

◆学习效仿

通过学习效仿他人的做法进行自我完善是人的一项重要技能，有些抖音号通过展现人们渴望的、羡慕的事物来刺激用户的学习效仿需求，吸引用户关注。

例如，热衷时尚的人会学习时尚达人的穿衣风格和搭配技巧；想要成为行业专家的人会学习现有行业专家的工作方式等。如果运营者可以为用户塑造出他们渴望成为的角色，就很容易让用户产生关注行为。

在具体实践中，运营者需要思考用户想要拥有但目前却很难拥有的生活方式，如很多人想要自由、愉快的生活，到世界各地体验不同的风土人情，但因为生活压力，这种愿望很难变为现实。针对这种情况，部分抖音号分享在世界各地旅游的经历，将自身塑造成为一个周游世界的旅游达人，从而吸引了大量粉丝关注。

◆解决问题

人们每天会遇到各种各样的问题，这些问题给生活与工作带来了诸多困扰，而能够帮助人们解决问题的人，不但可以获得一定的物质或精神奖励，还能让受帮助的人自发进行口碑传播。例如，很多消费者由于缺乏专业知识，不能自主判断产品优劣，而那些KOL运用专业的知识和丰富的经验，为消费者筛选高性价比的产品，帮助其降低购物的时间成本。

因此，如果运营者可以帮人们解决某些问题，提高人们的生活水平与质量，就能获得大量关注。营养专家、健身教练、时装达人等工具类抖音号之所以能够取得成功，很大程度上就是因为它们帮人们解决了某些问题。

与其他类型的抖音号相比，工具类抖音号吸引粉丝的逻辑有所不同。因为这类账号主要针对某个细分领域，可以让用户对这类账号和特定场景产生关联记忆。以Excel办公类抖音号为例，当用户使用Excel办公遇到问题时，会想起某个抖音号分享的Excel办公知识和技巧，从而打开该抖音号寻找相关内容。

工具类抖音号的用户生命周期更长。从用户需求视角上看，随着时间不断延长，用户容易对搞笑类、新奇类的抖音号产生感官疲劳，从而成为“沉睡用户”。但工具类抖音号不会出现这种情况，因为这类抖音号是为人们解决某种问题的工具，工具越用越熟练，而且会让人养成习惯。就好像用户不会对饿了么、支付宝、滴滴出行等工具类App产生疲劳一样，因为这些工具类App让用户的日常生活更为便捷高效，工具类抖音号也是如此。

◆自我实现

在马斯洛需求层次理论中，自我实现是人最高层次的需求。在企业经营管理中，满足员工自我实现的需求能够产生极大的激励作用，是管理者激发组织战斗力的有效手段。因此，运营者需要根据用户的自我实现需求为其提供有价值的内容，吸引更多用户关注。在这方面，励志类视频是典型代表。

研究发现，励志类视频能够提高个体的控制感。控制感是人的一种基本需求，控制感强的人面对困境时有更为积极的态度，会主动尝试通过各种方式解决问题，控制感弱的人面对困境时往往会选择消极懈怠，逆来顺受。

一项针对养老院老人的研究调查发现，与那些被全方位照顾的老人相比，自己摆放花草、移动床位置的老人平均寿命更长。因为被全方位照顾的老人控制感较低，更容易产生焦虑、紧张等负面情绪。

在励志类视频中，人们会由视频中的人物经历联想到自己，认识到人生并不是一帆风顺的，而是充满崎岖和坎坷，如果自己可以像视频中的人物一样采取行动，也有机会走向成功。显然，这类短视频可以让人获得直面挫折的勇气和动力，让人摆脱焦虑，增强自我控制感。

内容品牌：营销转化的实战技巧

在注意力经济时代，内容营销逐渐成为一种主流的营销模式，内容营销在推动品牌建设和产品销售方面的价值已经得到充分证明。内容营销可以在潜移默化中对目标用户的决策和行为产生影响，在确保良好用户体验的同时，达成预期的营销目标。

近年来，淘宝等电商平台正在积极完善自身的内容渠道，如淘宝开发了“微淘”“直播”“有好货”“必买清单”“淘宝头条”等多条内容渠道。然而在新事物层出不穷的移动互联网时代，仅凭借有限的平台自有渠道，淘宝卖家很难高效率、低成本地获得足够的流量。拓展新的流量入口，成为淘宝卖家，尤其是挣扎在生死线上的中小卖家的必然选择。这种情况并非个例，大部分电商卖家以及实体零售企业都面临着不同程度的客流量不足问题，抖音平台的出现为这一问题提供了有效的解决方案。

◆抖音平台的内容生态

用户规模庞大且活跃度较高的抖音平台吸引线上线下企业广泛布局。但如何做好抖音内容运营，如何利用有限的资源获得较高的曝光量，如何确保内容运营投入和产出成正比等，无疑是抖音运营人员关注的焦点。在了解抖音内容运营策略与技巧前，首先要了解抖音主流的内容形态。

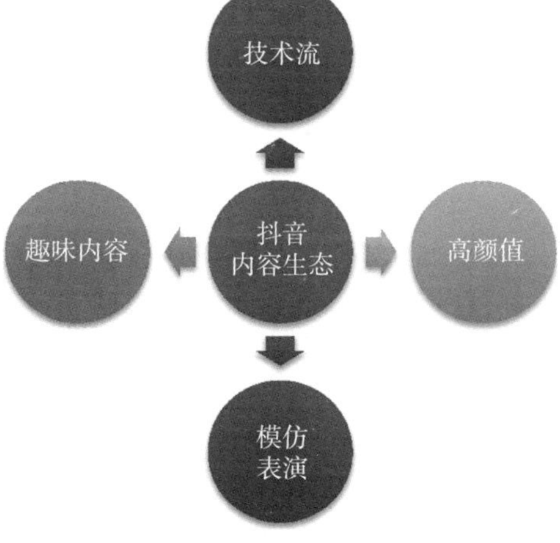

图8-3 抖音平台的内容生态

（1）技术流：抖音内容以15秒以内的短视频为主，其引导用户“记录美好生活”的理念，决定了大众化内容在平台所有内容中占据相当高的比重。而技术流即创意是大众化内容吸引用户关注的重要因素。因此，运营人员在开展抖音的内容运营时，可以重点分享那些富有创意、贴近人们日常生活的内容。

（2）高颜值：统计数据显示，21～25岁的年轻用户热衷于在抖音上发布内容，女性用户约占抖音用户的60%。高颜值、萌宠类事物最容易得到女性用户的青睐，在内容策划方面，运营人员可以有所侧重。为了更好地满足用户体验，抖音鼓励用户分享竖屏内容。而在竖屏内容的摄像取景应用方面，抖音人物取景范围以中景、近景及特写为主，这可以让人物细节得到很好的呈现，所以高颜值具有先天优势。

（3）模仿表演：抖音用户热衷模仿的内容主要包括节奏欢快、动作简单的舞蹈，影视剧经典片段，搭配原创或翻唱音乐的创意情节等。

（4）趣味内容：人们永远追求新鲜有趣的内容，抖音用户也是如此。

◆品牌内容运营的基本技巧

（1）策略层面。

★总结借鉴，积极创新。虽然短视频并非新事物，但直到近几年才成为一种主流的内容形态。短视频运营尚未形成标准，那些已经入驻抖音平台的品牌商也正处在摸索阶段。所以，运营人员可以对诸多品牌商抖音内容运营案例进行总结，结合自身的运营目标、用户群体特征等进行创新。

★内容多元化。在确保风格与调性一致的情况下，抖音号可以为用户提供多元化的内容，让用户长期保持新鲜感，延长用户的生命周期。

★故事化、互动性、可模仿。故事化的内容更容易打动用户，让用户产生情感共鸣。互动性的内容可以增强品牌与用户的连接，使用户对品牌建立信任。可模仿的内容能够提高用户分享的积极性，形成更多口碑传播。

★团队化运营，多账号布局。与微博、微信运营一样，个人运营在抖音上很难取得良好效果，团队化运营是必然选择。同时布局多个账号，可以打造抖音媒体矩阵，通过多账号联动，增强营销效果。

（2）执行层面。

★标题：简短、有趣、个性，有吸引力。

★封面：色彩清新、形象具体、与内容保持一致。

★文案：真实可信，激发用户参与兴趣。

★造型：彰显个人风格，与人设保持一致，与竞争对手实现差异化。

★选题：关注平台与社会热点，善于借势，并且符合年轻用户的阅读习惯。

★内容大纲：结合选题、品牌特色、用户需求等多种因素确定内容大纲。

★背景音乐：使用认可度较高、可以激发用户参与积极性的背景音乐。

★内容创作：将质量放在首位，精益求精，有条件的品牌可以与达人合作生产定制内容。

★后期：对样片不足之处进行优化完善，团队积极沟通配合。

★出片标准：颜色正常、画质清晰、整体流畅。

平台战略：抖音内容生态的探索

碎片化娱乐让一些人产生了焦虑感，这种焦虑感产生的根源在于这些人担心随着碎片化娱乐越发流行，人们对传统娱乐方式的耐性会大幅下降。可随时随地体验的碎片化娱乐带给人们极大的方便，使人们不会再在传统娱乐活动上投入过多时间。

“存在即合理”。目前，短视频早已站在信息传播时代的风口上，对传统娱乐方式的“量化”作用不容忽视。也就是说，无论短视频如何流行，传统娱乐方式的地位都不容撼动，甚至还有可能通过短视频找到一种新的方式延续下去。

抖音短视频面向的是新一代年轻用户，致力于满足这部分用户的娱乐需求，采用“挑战话题”等方式制作热点。在这种情况下，抖音平台出现了很多同质化的内容。

抖音平台依赖用户生产内容，在这种内容生产模式下，抖音短视频面临一系列问题，如用户审美疲劳、用户对平台的忠诚度较低等。要想解决这些问题，抖音必须立足于用户角度对这些问题进行思考，探索更多内容生产模式，使内容更加丰富、更加多元化。

◆内容生产者

抖音平台的内容生产者可分为两种类型，一类是生存型内容生产者，另一类是娱乐型内容生产者。生存型内容生产者通过抖音平台定期推广作品，积累粉丝，形成品牌，逐渐完成商业变现。娱乐型内容生产者渴望表达自我，通过发布记录生活的短视频或模仿他人作品的短视频获取他人认同、积累粉丝。待粉丝积累到一定程度后，这类内容生产者就会转变为KOL，通过各种渠道变现。

由此可见，作为一个UGC平台，抖音要想应对新兴娱乐形式带来的各种挑战，创造多元化的内容，就必须帮助不同类型的内容生产者，激发其创作热情，鼓励其持续不断地创作、生产新内容。

◆内容消费者

内容消费者的兴趣各不相同，但他们有一个共同点，就是愿意接受新事物，享受碎片化娱乐。同时，内容消费者还愿意尝试新模式，所以抖音平台的用户运营要关注内容消费者对内容及产品的态度。

总而言之，在未来运营的过程中，抖音要建立健全内容生态圈，做好内容生产与模式探索。在产品方面，抖音要不断升级内容审核机制，切实保证内容质量，鼓励用户生产内容，使用户参与度持续提升。

星图平台是抖音面向品牌主、MCN公司和明星达人，为完善内容营销生态，促进优质营销内容更高效地触达目标用户建立的内容交易服务平台，于2018年9月正式上线。通过该平台，抖音将聚集更多的明星达人资源，进一步强化平台的优质内容生产能力，为用户创造更优质的体验，帮助品牌主、MCN公司与明星达人获得更多收益。

从长期来看，打造星图平台是抖音的必然选择。随着抖音体量日渐壮大，平台的流量价值日益凸显，从而吸引大量品牌主与之合作。对作为平台方的抖音来说，追求流量变现不能以牺牲用户体验为代价。如果让大量劣质、违背平台调性的内容充斥平台，将会引发用户的抵触心理，导致用户大规模流失，对平台的可持续发展造成严重负面影响。

为此，抖音推出了一个方便品牌主、MCN公司、明星达人进行内容交易的服务平台，使内容交易更有序、更符合规定，确保内容更符合平台调性，从而在追求流量变现与确保用户体验之间实现平衡。

更关键的是，星图平台的出现能够促使抖音生态各参与主体协同合作。一个和谐有序的生态系统需要平台方、品牌主、MCN公司、明星达人等各参与主体共同维护，只有各方携手合作才能共创共赢，促使生态系统实现可持续发展。

第 9 章

内容制作：抖音短视频的拍摄技巧

抖音短视频拍摄的具体操作步骤

制作高清高质量的短视频是抖音运营人员应该掌握的一项基础技能。把控好视频制作环节，对后续宣传推广、用户关系维护、品牌建设等具有非常积极的影响。那么，如何才能制作高清高质量的短视频作品呢？学习并掌握视频制作技巧可以让短视频制作取得事半功倍的良好效果。

（1）明确视频内容核心主题。绝大部分抖音短视频时长在15秒以内，而想要在如此短的时间里向受众清晰明确地传达特定信息，并非一件简单的事情。在开始制作短视频之前，运营人员首先应该对视频内容表达的核心主题进行明确。

（2）确保视频风格和抖音账号风格、调性相一致。为与竞争对手实现差异化，以及打造人格化形象等，运营人员需要对短视频的风格进行把控，确保其与抖音账号风格、调性相一致。

（3）拍摄技巧。视频拍摄技巧并非是固定的，更多的需要运营人员在日常工作中总结并积极借鉴，在此分享一些较为主流的视频拍摄实用技巧。

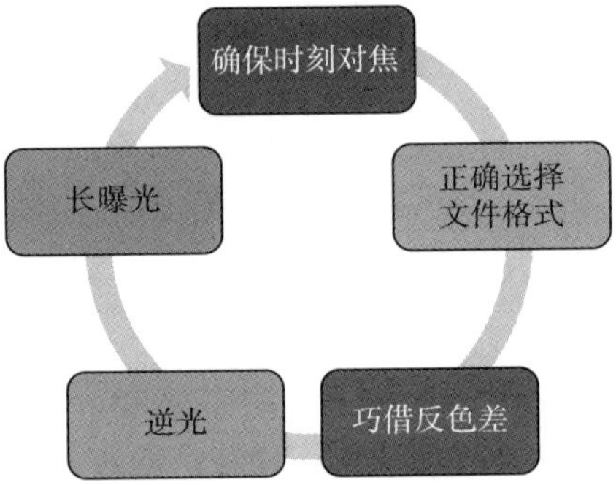

图9-1　抖音短视频的拍摄技巧

★确保时刻对焦。避免手抖主要从对呼吸与姿势的控制、借用外部支撑来进行，呼吸尽可能平缓，选择较为舒适的姿势等，这需要拍摄人员在日常工作中多加练习。借用外部支撑则以使用独脚架、三脚架等支撑架为主。

★正确选择文件格式。例如，用手机进行拍摄时，为了提高画面质量，可以选择最高画质进行拍摄，手机支持的常见视频拍摄分辨率有720p（1280×720像素）、960p（1280×960像素）、1080p（1920×1080像素）等，部分手机系统为了优化存储空间，而将默认格式设置为中等分辨率，此时，想要拍出高清晰度的视频，就需要拍摄人员手动调整。当然，单反等专业拍摄设备可以支持2K、4K等更高的分辨率。

★巧借反色差。反色差是一种抖音上非常流行的拍摄方法，它能增强画面意境，提高视觉冲击力。苹果手机自带反色差滤镜功能，其他手机用户可以使用激萌相机等软件进行反色差拍摄。

★逆光。逆光拍摄时，被摄主体位于光源和照相机之间，可能会造成被摄主体曝光不充分问题，但利用逆光拍摄可以锐利鲜明地展现物体轮廓，从而创造出艺术效果。

★长曝光。长曝光尤其适合夜景拍摄，使画面有节奏感，不过长曝光要求镜头稳定，往往要使用支撑架。

（4）优化呈现效果。呈现效果受制作设备性能、视频质量、后期加工编辑等多种因素影响。在拍摄设备方面，制作抖音短视频的拍摄设备非常多元化，手机、单反、微单、迷你摄像机、专业摄像机等都可以用于抖音短视频拍摄。其中，手机价格较低，尤其适合个人自媒体，不过其拍摄效果与单反、专业摄像机等专业拍摄设备存在一定差距，有实力的自媒体团队和企业不妨购置专业拍摄设备，从而省去很多的后期加工工作。

在视频质量方面，提高视频质量最为基础的方法就是保证视频的高清晰度，视频帧率、流畅性、无第三方水印和遮挡物等也非常关键。以视频帧率为例，科学研究表明，当画面帧率高于16时，人就会认为是连贯的，所以，视频帧率保持在16以上为佳。

在后期加工编辑方面，视频的加工编辑涉及镜头连接，添加标题、过渡效果、背景音乐，对特定画面进行加工（调整色彩、亮度等）等。

抖音短视频内容制作的实战技巧

毋庸置疑的是，抖音已经成为当下主流的新媒体平台之一，其庞大的流量、较高的活跃度等吸引了自媒体、品牌、电商卖家等各路玩家。不过，想要利用抖音打造个人品牌、销售商品等，最基础的就是要输出优质的短视频内容，而提高视频制作能力是确保短视频质量的前提，下面从视频内容形式角度上，介绍一些简单实用的抖音视频制作方法。

◆图文式

在抖音上发布视频时，可以选择直接上传已经制作完成的短视频，也可以利用“歌曲开拍”“直接开拍”“上传图片”等方式制作并上传视频。其中，“上传图片”模式就是一种典型的图文式视频制作方式，用户点击“+”后，选择屏幕右下角的“上传”，然后选择手机中存储的照片即可。这种方式较为简单，是一种门槛极低的短视频制作方式。制作图文式视频，需要重点关注以下几点：

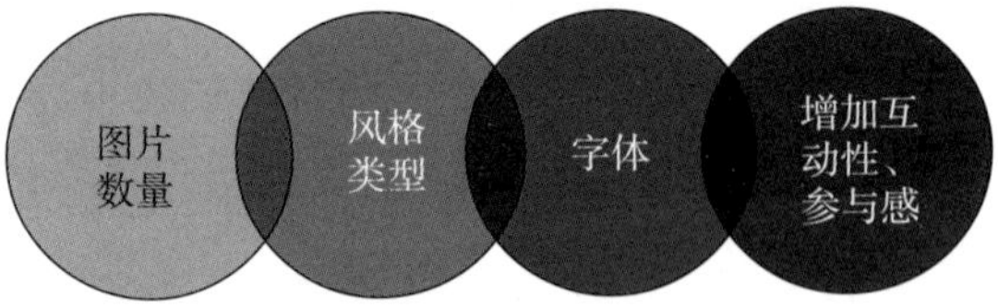

图9-2　图文式视频的制作技巧

（1）图片数量：图片在5～7张为佳，图片数量过少容易使用户感觉枯燥、乏味，过多则容易使用户眼花缭乱，抓不住重点。

（2）风格类型：图片风格、类型等应该保持一致，图片风格包括复古、抽象、奇幻、欧美清新、北欧冷淡等。图片类型包括美食、街拍、科技等。

（3）字体：黑体是较为主流的字体，对于那些需要重点强调的文字、词句，可以通过加粗、加大字号、更改颜色等进行突出。

（4）增加互动性、参与感：互动性和参与感将直接影响短视频的点击量、完播率、评论量、点赞量等关键数据，制作人员可以通过在视频画面中营造贴近生活的真实场景、采用具有空间感的立体视角、留白表现手法等方式增加视频的互动性和参与感。

◆人物式

人物式视频在抖音中也较为常见，在抖音上非常流行的才艺、美食、萌娃等视频主要就是人物式视频。人物式视频中的人物可以是真实的，也可以是虚拟的。与图文式视频相比，人物式视频难度较高，因为它需要对人物进行重点突出，在短时间内给用户留下深刻印象。制作人物式视频，可以从以下几个方面着手。

（1）美好事物：人生因对美好事物的向往与追求而精彩纷呈，制作以美好事物为主题的人物式视频受众范围广泛，有利于激发用户的口碑传播。而且这类视频传播正能量，可以得到抖音平台给予的流量支持。

（2）才艺展示：舞蹈、魔术、唱歌、生活小技能等才艺，都可以通过短视频进行展示，来吸引那些对这类内容感兴趣的用户。而且这类短视频可以激发人们的互动欲望，使用户在评论区留言讨论，上传模仿类短视频等。

（3）个人IP打造：IP经济时代，打造个人IP受到了个体和组织的青睐。制作个人IP打造类短视频，需要塑造可以引发用户情感共鸣的人物形象，通过立体、饱满的内容促使用户沉浸其中，产生认同感、归属感等，逐渐将用户转化为忠实粉丝。

◆**对话式**

对话式视频对创意要求较高，更适合团队运营的抖音自媒体，搞笑片段、情景剧、街头采访等都是典型代表。制作对话式视频要求制作人员有较强的故事力、镜头感。缺乏经验的制作人员可以从以下维度切入，来制作有较强吸引力的对话式视频。

（1）搞笑片段：从线上、线下搜集一些有笑点的小故事，表演时进行适度夸张，从而吸引目标用户的评论、点赞、转发等。

（2）模仿：经典影视剧片段在人们心中留下了深刻印象，可以唤醒人们内心深处的记忆，因此，视频制作人员对这类片段进行模仿，往往可以收获非常不错的传播效果。

（3）猎奇：猎奇类内容利用了人们的好奇心，满足了人们的求知欲，不过，搜集猎奇类内容素材需要耗费较多的时间与精力，个人自媒体很难确保稳定更新。

抖音短视频特效的制作技巧方法

为抖音短视频添加特效主要通过两种方式：一是使用抖音自带特效；二是使用第三方工具提供的特效。为了便于用户创作好玩有趣的短视频作品，抖音开发了多种特效。用户打开抖音后，点击用户界面中间的“+”，然后点击左侧的“道具”，即可根据自身的个性需求选择各种特效。

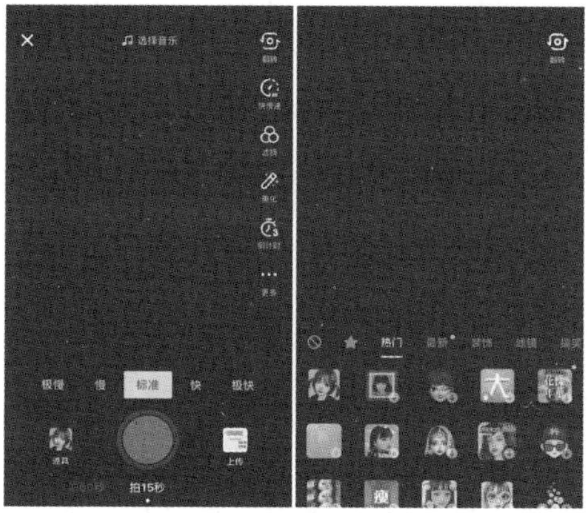

图9-3 抖音短视频的特效操作方法

以控雨特效为例，用户拍摄视频时选择“控雨”特效后，可以通过手势控制雨的方向、大小等，例如，将手掌心对准摄像头后显示泡泡特效；收拢手心后显示暴雨特效；雨的方向将随手的移动方向而变化。

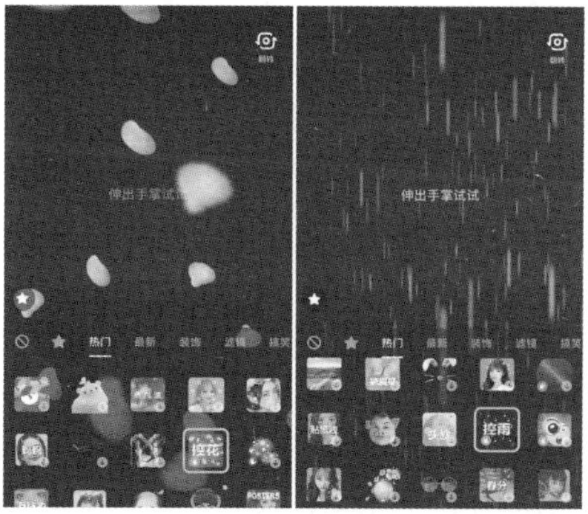

图9-4 抖音短视频的特效道具选择

抖音的滤镜功能是其吸引用户创作并分享短视频作品的关键所在，特别是抖音滤镜的时间特效和特效滤镜功能，尤其受到用户青睐。时间特效包括反复、慢动作、时间倒流三大特效；特效滤镜最初上线了抖动和灵魂出窍两种，目前，已经增加至近百种。使用滤镜特效时，用户选择需要添加滤镜特效的画面，然后点击需要的滤镜特效便能实现一键添加。一段短视频可以同时添加多种特效。

◆抖音特效软件有哪些

抖音自带特效基本可以满足普通用户的日常需求，不过，对那些专业的抖音运营团队而言，可能还需要使用第三方软件提供的特效。

抖音官方公开数据显示，抖音主流用户年龄在24~30岁，占比为40%。根据极光大数据发布的抖音研究报告，抖音用户主要分布在一线、二线城市。这些特性决定了抖音用户对新奇事物有较高的认可度，为迎合其需求，越来越多的运营人员开始在抖音短视频上添加新奇炫酷的特效。

使用第三方工具的特效并不困难，运营人员在应用商城中下载具备特效拍摄或编辑功能的第三方App即可，如神奇AR、Bger、趣推、蒸汽波相机等。

◆抖音怎么拍同款特效

向优秀的短视频作品学习借鉴，是抖音运营人员应该具备的一项基础技能。如果运营人员发现了一条展示效果极佳的爆款特效视频，而想要拍摄一段同款特效的短视频作品时，应该如何实现呢？

如果这条爆款特效视频使用的是抖音提供的特效，运营人员可以较为简单地拍摄出同款特效短视频。具体操作流程为，在爆款特效视频播放页面点击“分享”，然后点击“同款道具”，这样抖音系统便可自动识别出该视频使用的特效。之后点击“+”进行视频拍摄，并使用抖音系统识别出的同款特效，即可拍摄出类似效果的短视频作品。

如果该爆款特效视频使用的是第三方工具提供的特效，运营人员就需要找到具有类似特效功能的第三方工具，并学习如何为视频添加类似特效。

抖音短视频内容制作的注意事项

近两年，快速崛起的抖音爆发出了惊人能量，不但在国内大获成功，在海外市场中的表现也令人惊艳。Sensor Tower平台发布的数据显示，2018年12月，抖音海外版在全球App Store和Google Play中获得了7500万新用户，与2017年12月相比增幅达275%。与几年前的微博、微信公众号类似，抖音平台上也涌现出了一批网络达人，他们凭借海量粉丝，通过广告代言、内容电商等方式获得了大量财富。

随着越来越多的创业者和企业入驻抖音，抖音运营人员面临的压力也在持续提升，想要从激烈的同质竞争中成功突围，运营人员必须持续加强自我修炼，尤其是应该掌握打造爆款短视频的能力。在对大量爆款抖音短视频进行分析的基础上，可以总结出以下几种打造爆款抖音短视频的实用技巧。

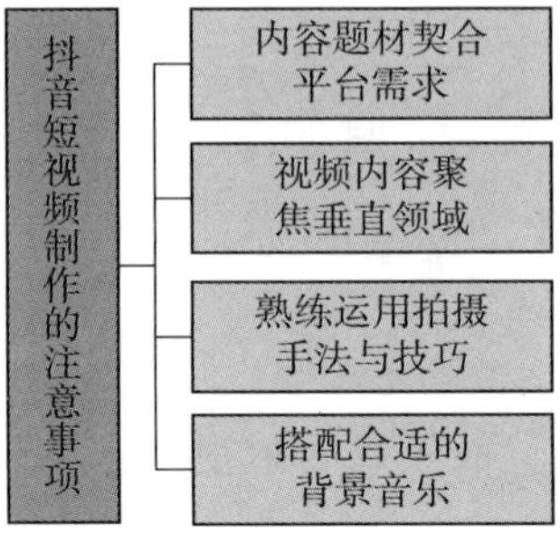

图9-5 抖音短视频制作的注意事项

◆内容题材契合平台需求

逐渐走向成熟的抖音希望自己成为用户美好生活的记录者和见证者，为了达成这种目标，抖音曾在2018年发布“美好生活”计划。毋庸置疑的是，与平台诉求高度契合的内容会得到平台在流量、资金等方面更多的支持。因此，运营人员在打造爆款短视频过程中，也应该基于“记录美好生活”这一平台重要诉求进行视频创作与推广。

◆视频内容聚焦垂直领域

事实上，在运营初期，运营人员就需要对账号的内容方向、受众群体等进行精准定位。抖音运营是一项长期的系统工程，短时间内很难取得预期效果，需要运营人员做细做精，做有深度的精品内容，打造爆款抖音短视频更需要如此。

对小米、支付宝、奥迪等品牌输出的爆款抖音短视频进行分析，可以发现它们往往都有着鲜明的标签，如办公室日常、科技范、情感共鸣等。而且集中到某一垂直领域，有利于运营人员培养种子用户，借助种子用户在社交圈内的传播分享实现“病毒式”传播。

◆熟练运用拍摄手法与技巧

优秀的创意对打造爆款短视频固然重要，但这种创意必须依托一定的拍摄手法与技巧才能精准地呈现给目标用户，拍摄手法与技巧涵盖了相机档位选择、镜头使用、摄影构图、曝光、对焦、色温调节等一系列内容，需要运营人员注重学习积累，充分利用线上、线下课程自我完善。

◆搭配合适的背景音乐

上线初期的抖音定位为音乐短视频社区，音乐很自然地成为平台内容的重要组成部分，《海藻舞》《带你去旅行》等抖音魔性神曲更是曾实现全网传播。所以，为短视频搭配合适的背景音乐显得非常关键。

具体而言，抖音短视频背景音乐的选择要结合短视频的情感基调、整体节奏，例如，如果短视频是展现祖国壮美河山的风景类短视频，可以使用大气磅礴的背景音乐。如果短视频是温馨家庭的生活类短视频，可以使用轻柔舒缓的背景音乐等。此外，选择背景音乐时，运营人员还要注意避免背景音乐喧宾夺主、侵犯知识产权等问题。

第 10 章

内容运营：爆款内容实战操作指南

内容分析：抖音爆款的七大类型

在抖音平台，究竟哪些内容能获得高流量呢？经过前面章节分析可知，点赞数是抖音平台的核心指标。通过对不同账号在抖音平台发布内容的点赞数进行分析可以发现，有七类内容备受用户喜爱。

◆让用户一见倾心的内容

在抖音平台，点赞数较高的内容有一个共同点，就是拥有超强的外表吸引力，让用户一见倾心，心生爱意，不由自主地点赞。在点赞数较高的内容中，这类内容占比极高。因为抖音短视频的时长非常短，最长只有15秒，所以相较于其他特质来说，外表吸引力能在最短时间内获得用户好感。

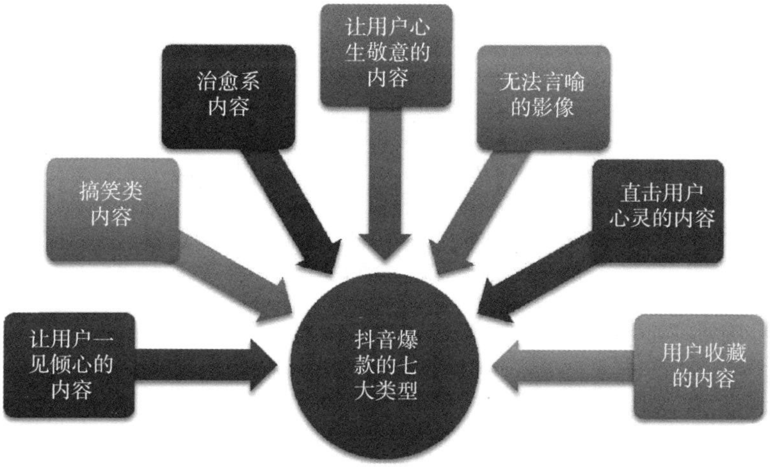

图10-1　抖音爆款的七大类型

据分析，拥有较强外表吸引力的内容会在第一时间获得用户点赞，而且会被用户反复观看，甚至可以获得用户评论。因为外表美好的人或事物总能获得用户喜爱，用户产生喜爱之情之后就愿意与之沟通。正是基于这个原因，那些外表靓丽的女生或男生仅翻拍一个动作或跳一段舞就能获得百万级的点赞。

◆搞笑类内容

搞笑类内容，即泛娱乐类内容涵盖的内容十分丰富，包括一些笑话、一段情景剧、一个傻里傻气的动作、一个搞笑的场景或画面等。这类内容备受用户喜爱的原因非常简单，用户登录抖音的主要目的就是消磨碎片化时间，获得愉悦感，搞笑类内容恰好可以满足用户的这一需求。用户放声大笑的同时自然会为内容点赞，以此表示自己对内容的认可与喜爱。

◆治愈系内容

萌宠、萌宝等憨态可掬的内容也非常受人喜爱，而且会被用户反复观看。对于养育了萌宠或萌宝的用户来说，这些内容极易获得他们的认同与喜爱。对于没有养育萌宠与萌宝的用户来说，这些内容则会激发他们养育萌宠或萌宝的冲动。无论如何，富有治愈感的内容都很容易被人接受。

◆让用户心生敬意的内容

这类内容属于才艺展示，但展示的才艺不只是唱歌、跳舞，还包括画画、刺绣、玩陀螺等，都能吸引大量用户。除此之外，还有一些影视特效从业人员，通过发布特效合成的短视频获得了大量关注。总而言之，这种类型的内容要想获得用户关注，就要发布一些用户无法做到，或者从未见过之事。看到这类短视频，用户往往会心生敬意，给视频点赞。

◆无法言喻的影像

无法言喻的影像是随着短视频的兴起而出现的一种内容形态，指的是无法通过图片、文字呈现出来的内容，如壮丽的自然景观、关键时刻的影像记录等，以视频本身强烈的体验感与身临其境感让用户产生深刻感受，带给用户有别于图文的观看体验。随着抖音的出现及火爆，这类内容的受众群体越来越多。

以前，虽然微博、微信等内容平台也有这类视频，但因为缺乏实质性的内容，而且视频时间长短不一，所以不太受用户关注，曝光量也不高。但在抖音平台，这类内容备受用户喜爱，点赞量极高。

◆直击用户心灵的内容

近来，在抖音平台，直击用户心灵的内容逐渐增多，吸引了越来越多的流量。直击用户心灵的意思就是引发用户共鸣，传达的价值观得到了用户认同。事实上，内容的竞争就是价值观的竞争，在抖音平台，用户认同内容呈现出来的价值观，就会持续关注内容生产者，形成追随式关注。

◆用户收藏的内容

这类内容在早期社交平台就已出现，利用的是人们的收藏心理。在抖音平台，用户看到一则有价值的内容，认为自己将来有可能用到，就会点赞收藏。事实上，这个15秒的内容或许并没有知识价值。

除给喜欢的内容点赞外，收藏内容还能让用户产生心理慰藉。因为在用户看来，收藏一则内容就能学到一点新知识，基于这样的心理，用户会兴致勃勃地给喜欢的内容点赞，进行收藏。

内容规划：明确内容运营的方向

哪些内容容易成为抖音爆款，是所有运营人员重点关注的一个问题。一个短视频作品想要成为爆款，需要迎合用户某些需求。从诸多实践案例来看，那些传播正能量、充满情感体验、好玩有趣、生活技巧分享的内容更容易成为爆款。

抖音对用户非常重视，很多抖音大V是抖音普通用户出身，他们和粉丝打成一片，粉丝将其视作自己的发言人，会通过点赞、评论、转发等方式表达自己对他们的支持。显然，这种大V发布的内容更容易成为爆款。这提醒抖音企业号运营人员，即便企业品牌本身已经拥有了较强的影响力，也应该放低姿态，以与用户交朋友的心态运营企业号。

使内容个性化、差异化确实非常重要，但运营人员也需要围绕“美好生活”这一定位设计内容，多输出一些轻松愉快、可以让人缓解压力的泛娱乐内容，尽量少输出容易引起用户焦虑、不安的内容。

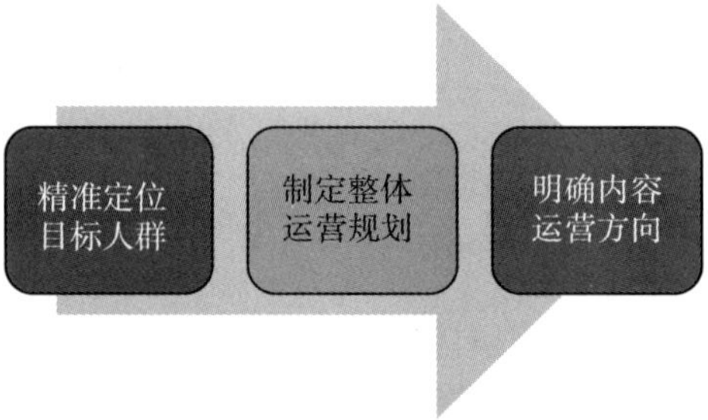

图10-2　抖音平台内容规划

◆精准定位目标人群

在抖音平台上，目标用户主要分为三大类型。

（1）内容生产者：以专业内容团队为主。

（2）内容次生产者：对首发内容进行转发、模仿等，以爱好表达、分享的用户为主。

（3）内容消费者：几乎不生产内容，在平台用户中占据较高比重，甚至有些用户只浏览内容，不对内容进行点赞、评论、转发。

根据相关统计数据显示，在内容生产者方面，抖音平台上的内容生产者以头部账号为主，这类账号贡献了绝大多数的爆款内容。内容次生产者会进行一定的微创新，也能贡献少量的爆款内容。在内容消费者方面，有近25%的抖音用户从来不点赞、不评论。

◆制定整体运营规划

对企业号进行整体规划时尤其要做好以下三点。

（1）明确运营目标，不同企业，以及同一企业不同阶段的抖音企业号的运营目标存在一定差异，有的是为了扩大品牌知名度，有的是为了促进产品销售，还有的是为了积累更多用户等。

（2）企业号内容生态规划，涵盖了内容风格、生产方式、内容结构等诸多方面。

（3）营销策略规划，致力于让内容在抖音上实现大范围传播，实现运营目标。

◆明确内容运营方向

（1）紧贴用户属性创作内容。企业或品牌要根据企业号的用户画像创作内容，了解最流行的短视频拍摄思路与方法，结合产品特点，创作出符合用户审美与喜好的内容。

（2）进阶定制内容。如果企业的内容创作能力很高，就可以基于抖音短视频平台的调性，结合自己的产品或品牌定位定制短视频。例如，确定一个主题，定制生产一个系列短剧等。这个系列短剧的风格要保持一致，这样一来，企业就能精准地获取目标用户，增加更多粉丝。短视频更新频率最好保持在每周15～20条，为保持热度和账号活跃度，每个月至少要上线10条优质内容。

（3）公司发展历程和文化建设。对于抖音企业号来说，公司发展史、技术创新、产品生产过程、团队建设、管理心得等都是很好的素材，使用这些素材创作的短视频既可以体现内容的原创性，又可以展现企业的人文情怀、公司实力、产品特色，获得更多用户喜爱。

（4）结合热点创作。企业或品牌要实时关注抖音热搜榜与正能量榜，及时发现热点，将产品或品牌与这些热点相融合，创作出热门短视频。需要注意的是，短视频创作选择的热点要有正能量，如热门的公益活动、企业员工从事义工等，要有利于企业或品牌树立良好的社会形象，展现企业最美面貌。

内容运营：确保与品牌深度融合

在影响内容传播效果的众多因素中，短视频内容的质量是非常关键的要素。如果内容不合时宜或者粗制滥造，即便掌握再多方法，内容传播效果也不会很好。具体来看，企业在制作内容时必须考虑三大要素，一是内容的关联性；二是内容的可持续性；三是内容的知识性与技能性。

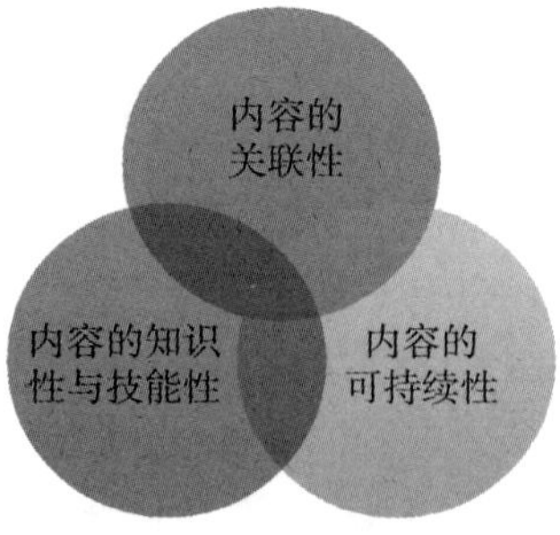

图10-3 抖音内容运营考虑的三个方面

◆内容的关联性

内容的关联性指的是品牌抖音账号生产的内容要与品牌有关，除技能类视频外，其他七类视频的内容很难与品牌建立关联，当然一些经营特殊商品的品牌除外。例如，经营登山装备的品牌可以拍摄登山过程中看到的奇观，但大多数品牌很难从其他七类内容中找到与品牌的结合点，最终只能通过植入广告展现品牌内容。但在短短15秒的视频中，广告内容非常容易被用户忽略。如果品牌广告出现的频率较高，又很容易引发用户反感。

当然，品牌可以设计、拍摄一些喜剧类视频，在编写剧本的过程中将产品信息、品牌信息巧妙地植入其中，但这种剧本的生产难度较大，而且无法持续，导致内容无法持续产出，运营效果不佳。

◆内容的可持续性

优质、有趣、能带给用户惊喜的内容无法持续产出，这是令很多内容生产者苦恼的问题。之所以说除技能类内容外，其他七类内容都不适合开展品牌运营，就是因为这七类内容无法实现工业化生产。

漂亮的女生、帅气的男生会使用户产生审美疲劳；奇观美景具有偶然性，无法天天遇到；优质的剧本很难持续生产；才艺表演又不适合品牌宣传与推广。所以，这类内容基本上都是新媒体内容机构在运作，普通企业很少涉及。而技能类内容不同，每个产品都有自己独特的技能、知识可以展现。随着技术更迭，产品更新，品牌可以持续生产这种技能类、知识类内容，让内容实现可持续生产。

◆内容的知识性与技能性

之所以说技能类、知识类内容适合企业开展运营活动，就是因为对于用户来说，这类内容具有一定的价值，可以刺激用户关注账号。对于普通娱乐类内容，用户看完感觉不错，会点赞，但不会关注账号。而这种技能类、知识类内容却能将用户吸引到品牌在抖音的流量池中。

抖音因娱乐属性备受人们喜爱，但人们却希望能在娱乐过程中学到一些新知识、新技能，如烹饪、魔术、手机小技巧等，看到这些内容，人们会不由自主地收藏，甚至会进入账号主页，关注账号。

例如，经营运动装备的品牌，可以从运动历史、运动名人、运动事件为方面切入生产知识类内容，还可以讲解运动技巧、运动过程中的饮食搭配、运动损伤后的修复方法、身体调养等，这些内容都会受到用户的极大喜爱。

事实上，每个品牌都可以找到合适的切入点生产知识类内容，而且知识类内容的生产可以实现标准化、系列化，提升品牌的识别度。当然，这类内容生产的前提是要相对大众化，而且要与平台调性相契合。

总而言之，企业、品牌要想在抖音平台打造爆款短视频，最好以知识类、技能类内容为切入点。娱乐类、才艺展示类、萌宠类等高度娱乐化的内容只适合新媒体运营机构，或作为品牌运营的点缀，不合适在品牌运营中担任主角。有人认为，知识类、技能类内容的受众群体太少，事实上，对于在抖音平台开展营销活动的品牌方来说，只要能准确抓住这类内容的受众，就已经足够完成自己的运营目标了。

内容引流：提升持续吸粉的能力

抖音平台的内容分发机制与其他平台不同，其他平台的内容或采用中心式的分发方法，或通过用户关系触达，但抖音平台不一样。那么，在抖音平台，用户为何要关注内容呢？根据抖音的内容推荐机制，如果用户在看完一条视频之后不做任何处理，很有可能再也无法找到这条视频。为了留住自己喜爱的内容，用户就会点击关注。

内容转化粉丝效率指的是一个账号的粉丝数量与总赞数的比值。对于某些影像视频，用户发自内心地喜欢，可能会点赞、收藏，但不会关注。因为在用户看来，这些内容可能是内容生产者偶然拍得的，不会持续产出这类内容，所以没有关注的必要，只需通过点赞表达自己对内容的喜爱即可。但对于让用户一见倾心的内容，用户看到内容之后无比欢喜，希望能持续看到这类内容，就会点击关注。

由此可见，用户是否关注一个账号，关键取决于用户是否喜欢该账号呈现出来的单独的内容，以及在用户心目中该账号能否持续产出同类内容。只有呈现出来的单独的内容让人心动，同时让用户看到账号的长期价值，让用户相信自己可以持续输出这类内容，用户才会点击关注。

对人心与人性的把握，是抖音运营者的一项基础性技能，也是一大难点。什么样的内容容易成为爆款？答案是打动人心、能够引发人的情感共鸣的内容。想要创作这类内容，要求运营人员在内容中融入亲情、友情等情感，触动用户内心最柔软的地方，让用户能够沉浸其中，使其主动对视频进行传播推广。

除内容本身以外，打造爆款内容，还需要善用平台推荐机制，获得更多的流量。这就需要对平台的特质进行分析，对于抖音这种内容平台而言，其核心诉求包括两个方面：一方面是用户规模持续扩大，这是推动平台不断发展壮大的重要保障；另一方面是延长用户使用时间，保持较高的用户活跃度，这为平台拓展商业空间带来诸多便利。

有些运营人员可能会疑惑，既然抖音是内容平台，那么提供更多的内容是否可以获得更多的推荐流量呢？如果提供的内容都是高质量的内容，平台是非常欢迎的，因为这既有助于扩大用户规模，也有助于延长用户使用时长。但绝大部分内容创作者很难兼顾内容数量和质量，即便是非常专业的内容团队。因为高质量作品需要精雕细琢，需要为此付出很多时间与精力。

假设一个抖音号一天为平台贡献了10条短视频，有2000个人观看，但每个人平均观看了1秒钟；另一个抖音号一天为平台贡献了1条短视频，只有200个人观看，但每个人平均看了10秒钟。虽然二者为平台贡献的用户观看总时长一样，但平台会为第二个抖音号推荐更多流量，因为其内容可以吸引用户停留，属于稀缺的优质内容。因此，对于运营者而言，想要获得更多的平台流量，最关键的是保障内容质量，而不是盲目生产大量低质内容。

抖音运营要时刻关注数据，数据表现良好时要总结、积累经验；数据表现不佳时要反思优化，调整运营策略。在诸多运营数据中，抖音账号打开率非常关键。为了提高账号打开率，抖音账号运营人员要做好以下两点：一是封面，封面要符合用户审美观，给用户留下深刻印象，让用户产生好奇心。

二是互动性，互动性主要通过视频内容体现，运营人员在视频内容中添加一些容易引起互动的问题，确保问题的答案具有开放性，这样可以让用户各抒己见，提高用户参与互动的积极性。同时，运营人员要及时对用户评论进行回复，与用户交流分享，适当抛出一些和内容相关的有趣话题，引导用户参与互动。

此外，运营人员可以在短视频结尾添加“如果喜欢，请不要吝惜您的点赞”等类似内容，让用户意识到他们的点赞具有很高的价值，对运营人员有很大的帮助，满足他们“被需要感”，借此引导用户点赞。

内容变现：粉丝转化与带货技巧

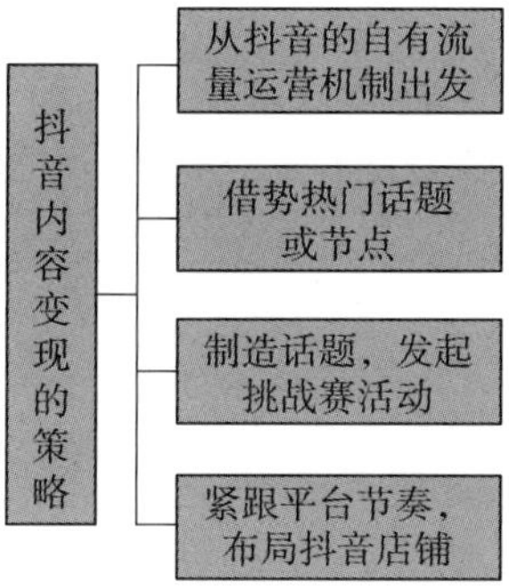

图10-4 抖音内容变现的策略

◆从抖音的自有流量运营机制出发

无论是在哪个流量平台，运营人员都应该熟悉该平台的运营机制，掌握内容运营和流量转化的基本逻辑。用户在抖音平台观看视频的入口主要有两种：推荐和附近。一般来讲，运营人员上传短视频后，平台会先推荐给附近的用户，根据这些用户的完播率、点赞量等数据确定是否向更多的用户推荐。如果数据表现良好，平台便将其投放至更大的流量池，反之则不推荐。

◆借势热门话题或节点

热门话题或节点的优势在于容易引起用户关注，获得用户关注后，营销更容易获得成功。抖音官方会在平台推出各种挑战活动，来提高用户活跃度，延长用户停留时间。因为有平台的大力支持，用户参与这类活动的积极性会非常高，运营人员可以借此创作一些相关内容来获得更大的曝光量。

如2019年春节期间，抖音推出了“拜个抖音年”话题活动，截至2019年3月6日，该话题相关短视频累计播放量达到了149.6亿人次。多个品牌商通过参与该活动，将自身产品与品牌植入拜年短视频中，获得了极大的曝光。

◆制造话题，发起挑战赛活动

品牌商在上线新品或开展营销活动时，对流量需求尤为迫切，为了更好地控制成本，选择抖音这种新晋流量平台不失为明智的选择。不过，想要在抖音平台实现广泛传播，需要运营人员善于制造话题，引导抖音用户广泛参与。

与抖音达人合作制造话题可以获得极好的效果，但通过这种方式制造话题的成本较高。对于中小品牌商而言，较为可行的制造话题方式是发起话题挑战赛。为了吸引用户参与，活动要有所创新，并且要提供一定的物质奖励。

◆紧跟平台节奏，布局抖音店铺

通过内容运营曝光产品和品牌后，还应该打通转化通道，以便更高效地完成流量变现。目前，抖音正在发力电商业务，符合条件的账号可以申请开设抖音店铺。电商是抖音未来进行流量变现的主要方式之一，抖音官方对其非常重视。因此，品牌商可以抓住这一机遇，在账号运营方面及时调整，为打通转化通道奠定良好的基础。

对于刚布局抖音的品牌商而言，初期的重点工作并非盲目追求达成营销目标，而是应该了解平台规则与玩法，绘制目标用户画像，确定合理的内容运营策略。为了降低试错成本，品牌商运营人员可以先在小范围内进行内容测试，在这个过程中，团队也能得到磨合。

第 11 章

携程+抖音：爆款IP的运营方法论

超级爆款：跨界融合的裂变效应

作为一个典型的流量生意，旅游对流量的需求一直很高。抖音作为新晋流量霸主自然会吸引旅游企业争相涌入，目前，“双微一抖”已经成为旅游企业渠道运营的标配。如何在信息过载时代吸引用户关注，提高营销转化率并促进口碑传播，是所有旅游行业从业者面临的关键问题。呈现出爆发式增长的短视频行业，无疑为该问题的解决提供了新思路。

在移动互联网时代，人们的内容消费习惯发生了重大转变，碎片化、场景化、互动性的内容更容易获得青睐。在这种背景下，十几秒的短视频成为网民，特别是年轻网民消费的主流内容。

近两年，汇聚了大批年轻网民的抖音，知名度不断提高，蕴藏的商业价值也越来越大。入驻抖音抢占年轻用户心智成为旅游企业的必然选择。马蜂窝、途牛旅游、携程等在线旅行社，长隆、欢乐谷、龙门石窟等主题公园和景区，以及东航、南航、亚朵等航空公司和酒店，成都、重庆等各省市旅游局等，皆开通了抖音号，为文化旅游产业的快速发展提供强有力的支持与助力。

旅游内容是抖音用户关注的一项重要内容。旅游短视频内容具有新鲜感、体验感、场景性，很容易在抖音平台形成大范围传播。对于年轻用户来说，在抖音平台广泛传播的旅游地"打卡"已成为一种新的旅游风尚。

抖音官方公布的数据显示，2018年十一黄金周期间，1.5亿抖音用户以"打卡"方式共同记录了祖国的壮丽山河，以及多姿多彩的美好生活，"打卡"短视频累计播放量超过200亿人次。其中，抖音上"打卡"北京的视频总播放量接近10亿，居于全国首位。除北京外，成都、上海、广州、深圳、重庆、杭州"打卡"视频总播放量也超过5亿人次。

作为国内领先的在线旅游服务公司，2018年十一黄金周期间，携程联手抖音共同推出"FUN肆趣旅游抖一下"旅行季活动，给用户带来了一场极致的短视频旅游营销盛宴。该活动参与人数超过35万，播放量超过34亿，此次活动成为抖音视频观看数最快突破10亿的挑战赛，并持续刷新抖音播放量最高纪录。

该活动通过人格测试H5小游戏预热后，携程在抖音上发起"携程FUN肆之旅"话题挑战赛，邀请抖音达人参与挑战，鼓励用户用短视频记录旅游美好瞬间。同时，利用"携程FUN肆之旅"挑战赛，以及"FUN游新物种"短视频等，对携程品牌和文化旅游景点进行植入，悄无声息地影响用户出行行为与决策。

图11-1 携程FUN肆之旅

事实上，携程通过旅行IP玩法开展短视频营销并非误打误撞，其新媒体营销探索之路早已开启。巧借故事性与人格化的IP激发用户情感共鸣，使用户对品牌产生认同感、归属感，被携程视作为品牌营销的关键战略。

如携程拍摄了“探寻旅行意义”宣传短片《Why I Travel》，借助黄渤的自我感悟引发用户思考，向用户传递“旅行是一种生活方式”的品牌理念，从而实现品牌与用户的情感连接。此外，携程还通过与《扶摇》《延禧攻略》等爆款影视剧IP合作，进一步扩大品牌曝光量。

利用大众化的短视频缩短品牌触达目标用户的路径，是携程近几年的一项重要布局。在国内诸多在线旅行服务商中，携程是抖音最早的深度合作伙伴。2018年5月，携程联手抖音推出“520旅行表白套路”活动，邀请人气明星乐华七子，借此吸引广大抖音用户积极参与。统计数据显示，此次活动相关视频累计播放量达12亿人次，为携程抖音号新增近10万粉丝。

此后，携程在抖音平台推出了多个旅行话题活动，其中，“我有特别的旅行技巧”话题活动累计播放量超过1400万人次。2018年9月，携程上线“高铁游”频道，并在抖音上同步发起了“乘着高铁去旅行”话题活动。

强势入口：构建旅游消费的闭环

目前，携程已经在抖音平台建立了抖音账号矩阵，积累了超过300万粉丝，其中，主账号“携程旅行”的粉丝量达35.4万。此外，携程还开设了“携程当地向导”“携程定制旅行”“携程全球目的地精选”等多个业务线账号，以及“携程小姐姐的日常”等多个特色员工号。

携程与抖音的合作重点在于发掘用户兴趣点，为用户提供一站式旅行服务解决方案。例如，用户在观看抖音短视频时发现感兴趣的景区、酒店后，可以直接用携程预订门票、机票、房间等。

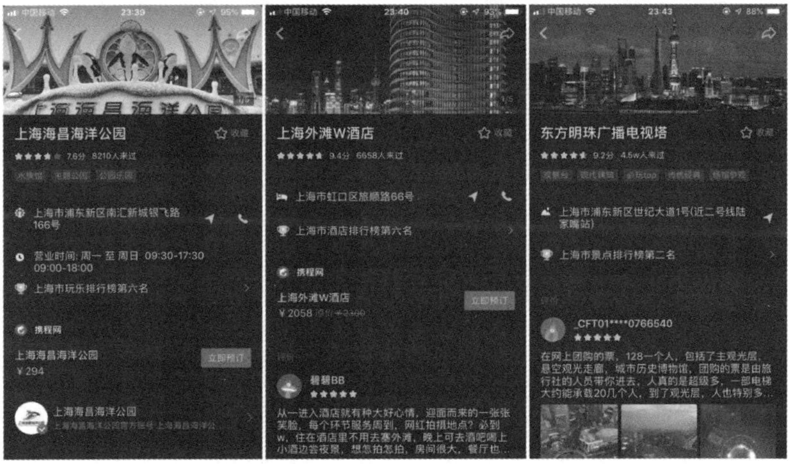

图11-2　携程在抖音导流链接

此前，旅游服务以线下服务为主，限制了旅游企业的用户规模与盈利能力。而进入移动互联网时代后，线上旅游服务的价值得到充分体现，旅游产业链的深度和广度得到大幅拓展。在这种背景下，携程积极将自己打造成酒店、景区、出行公司等商家的赋能商，通过与后者协作为广大用户提供高质量的出行服务，而抖音是携程提高自身连接商家和用户能力的重要媒介。

激发用户需求是促进用户旅行消费的关键一环，但对于携程等旅行服务商来说，激发用户需求并不简单。布局抖音短视频营销可以帮助携程切实有效地解决这一问题。

通过在抖音平台分享各种旅行短视频，携程可以抢占年轻用户心智，在用户萌生旅游想法之际留住他们。同时，携程通过与抖音合作，将有旅行需求的用户直接引向携程产品，确保转化效果。

与文字、图片内容类似的是，短视频内容也存在同质竞争问题，内容同质化严重，容易引发用户审美疲劳，这是营销人员必须解决的问题。而记录各种旅行瞬间的实时短视频是天然的新鲜有趣、富有话题性的内容。携程通过发起话题活动鼓励用户在抖音平台分享这类内容，可以有效地解决这类问题。

携程通过和抖音合作，形成了“刺激需求——购买转化——用户出行——分享短视频——刺激新需求”的旅游消费闭环，显著提高了自身的价值创造能力。

与微博、微信积累海量用户后开始寻求价值变现相似，目前，抖音也走上了变现之路。而携程与抖音的合作也为抖音变现提供了一条有效路径。未来，携程将让更多用户养成分享、消费旅游短视频的习惯，将抖音打造成短视频版的旅行点评社区，帮助景区、酒店、出行公司等更好地连接用户，实现多方合作共赢。

内容共建：满足用户的体验需求

社交媒体的发展存在共性规律，从平台长期发展的角度来看，通过独立开展内容运营吸引粉丝，在此基础上逐步提高自身影响力及知名度的内容发布者，能够为平台发展提供强大的流量支撑，抖音也不例外。

目前，与传统的品牌推广方式相比，依靠达人或KOL输出内容扩大流量基础能够获得更理想的营销效果。在具体运作方面，抖音与其他社交平台存在明显差异。最初，抖音通过专业的内容团队进行内容发布，如果内容本身具有较强的吸引力，就能刺激用户模仿，吸引用户参与内容生产，进一步扩大内容传播范围，实现粉丝增长，为平台发展奠定坚实的流量基础。

抖音十分重视对专业生产内容（PGC）的商业化开发，因为相较于平台与用户之间的关系，专业内容团队与粉丝用户之间的交流更为频繁。在与携程合作开展内容运营的过程中，一方面，抖音能够为携程生产定制内容；另一方面，作为传统社交平台，携程难以满足用户的体验需求，抖音则能够为用户提供真实的体验。

具体来说，抖音联手专业内容团队，让他们前往旅游地进行体验，并将体验过程以视频方式传递给用户，依靠具有影响力、富有吸引力的内容汇聚用户目光，激发用户参与体验的积极性，从而帮助携程进行品牌推广。因此，社交类线上平台在商业化开发的过程中要充分认识到专业生产内容的价值所在，发挥PGC对用户的吸引力及带动作用。

图11-3　携程的短视频内容

很多用户会在抖音平台发布自己的旅行视频，与文字及图片信息相比，通过视频呈现出来的内容更生动、更形象，可以将内容发布者旅途中的见闻与真实体验展现给其他用户。另外，内容发布者可以在抖音平台与观众开展有效互动，这也提高了他们进行内容分享的积极性。

从一定程度上来说，抖音的应用能够革新旅行行业的传统营销方式。举例来说，重庆与西安的许多旅游景点在抖音平台走红后，成为很多旅行者必选的体验地。依靠强大的流量基础，抖音有实力、有能力打造旅行季专属活动。

从商业合作的角度来看，携程是国内率先布局在线旅行的企业，能够为消费者提供高质量的旅行服务，满足消费者的体验需求。通过与抖音合作，携程可以在线上平台扩大品牌宣传。

另外，旅行属于一种低频消费服务，用户的决策周期长，旅行服务平台想要实现用户转化，就要提前抢占用户心智。考虑到这些因素，携程与抖音围绕十一旅行高峰活动达成合作，用专业生产内容吸引用户，带动用户参与，最终完成IP打造，取得了良好的推广效果。

对于垂直领域的内容，抖音平台进行了划分，通过开展垂直类内容运营，可以进一步提高内容质量。此外，抖音在进行商业化布局的过程中可以在纵向上进行延伸，联手更多垂直品牌。在这个过程中，专业内容团队可以对自身内容进行精准定位，优化内容表现形式，将用户与品牌连接在一起，为品牌主提供更具针对性的营销方案，帮助他们在抖音平台扩大品牌宣传，实现品牌信息的有效触达。

资源整合：携程与抖音相互导流

为推出旅行季活动进行IP建设，携程除与抖音联手之外，还会在其他社交平台开展大范围推广活动，以期挖掘潜在目标用户，做好活动前期的预热工作。在2018年十一黄金周的推广活动中，携程联合抖音推出创意活动，将旅行者分为不同类型，并将其比作不同的动物，制作成H5广告“旅行人格”来吸引用户参与推广活动。

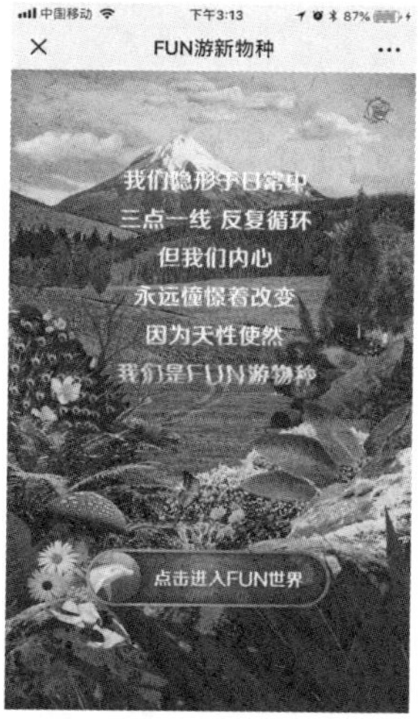

图11-4　携程&抖音创意H5广告

这类营销内容贴近用户本身的个性特征，能够帮用户更好地了解自己，带有一定的话题性，能够激发用户分享的欲望。携程联合抖音推出的H5广告就具备了这些要素，为十一黄金周旅行活动的推广打下了良好的基础。

（1）此次活动邀请了多位抖音流量达人，在重庆、武汉、三亚等抖音用户较为集中的城市发起“携程FUN肆之旅”挑战赛，利用流量达人的影响力吸引普通用户积极参与。

（2）携程和抖音都是已经具备较高知名度的品牌，而且携程主流用户与抖音主流用户存在较高的重合度。在携程2018年11月发布的第三季度财报中，携程首次披露了用户年龄结构，财报中指出，35岁以下的用户占比在过去5年内稳定保持在70%左右。其中，年龄在29岁以下的年轻用户增长最快，占比从30%增长到将近50%。双方合作后，用户会相互转化，释放出强大的合体势能。

（3）国庆节期间，用户旅行需求在短时间内集中爆发，使此次活动具备了天时之利。

（4）活动用创意内容打动用户。双方为此次合作活动精心制作了H5“FUN游物种”，在该H5中，所有图片中都有一个动物，一种动物寓意一种旅行人格，而且图片具有动态效果。这种极具创意的玩法能够吸引用户主动参与，进行口碑传播。

目前，微博、微信仍然是多数用户选择的社交工具，与其他媒体平台相比，围绕特定话题展开的信息互动及分享内容在这两个平台能够取得更好的传播效果。“旅行人格”H5广告因带有明显的话题性，能够在微博、微信面向广大用户群体进行造势。

抖音与携程联手，在实现媒介资源整合的同时，还能发挥相互间的导流作用，通过合作扩大活动信息的覆盖范围，利用微信平台进行前期活动造势，在促进品牌推广的同时拓展合作思路。

从根本上来说，产品运营的最终目的是开发商业价值。抖音的商业化运作有赖于平台流量基础的支撑，而庞大的流量来源于内容生产者及用户的参与。在意识到短视频媒体平台的信息传播优势之后，越来越多的品牌商开始在抖音布局。此前，很多社交平台在商业化发展的过程中都忽略了用户体验，在后期出现用户流失严重的问题，抖音则突破了单一媒介资源的定位，也没有过度进行商业化开发。

时值国庆旅行高峰期，携程对网络用户喜欢在线上平台分享个人生活短视频的需求进行了分析与把握，联手抖音共同推出“FUN肆趣旅游抖一下”旅行季活动，选择用户认可度较高且能够积极参与的内容形式，结合平台的商业发展需求，将内容与广告融为一体，在呈现内容的同时完成品牌推广，抖音也发挥自己在内容传播方面的优势，提高了用户参与活动、分享内容的积极性。

在这个过程中，抖音对用户的需求及喜好进行深入分析，在此基础上与携程达成合作，既能满足用户体验，又能开展商业化运作，实现长期、稳定的发展。

Part 4

品牌营销篇

第 12 章

流量洼地：抖音重新定义品牌价值

品牌裂变：开启内容营销新生态

当前，新媒体已经成为企业开展产品展示、引流拉新、品牌建设等活动的重要工具，“两微一抖”已经成为企业布局新媒体的核心阵地。微博具有较强的开放性，以系统推荐、企业难以直接干预的公域流量为主；微信具有较强的私密性，用户之间存在一定的社交关系，以企业可以直接运营的私域流量为主。这种平台属性的差异，决定了企业在两个平台上的布局有所不同。

作为一个短视频音乐社交平台，抖音鼓励用户拿起手机拍摄有趣、有创意的短视频，源源不断地生产优质内容，迅速占领用户的碎片化时间，为企业开展场景营销提供良机。于是，为获取营销红利，越来越多的企业与品牌开始关注抖音短视频，并且入驻抖音平台，围绕品牌与产品生产优质内容，成为抖音平台UGC内容的重要组成部分。

企业开展抖音运营的原因非常简单，就是要做好品牌营销，扩大品牌影响力。当然，这是企业开展抖音营销最浅层的目的，其更深层次的目的是，在短视频领域积累品牌自身的流量池，与其他平台的流量池联通，互相导流。事实上，抖音平台给企业品牌带来的营销价值非常多，具体分析如图12-1所示。

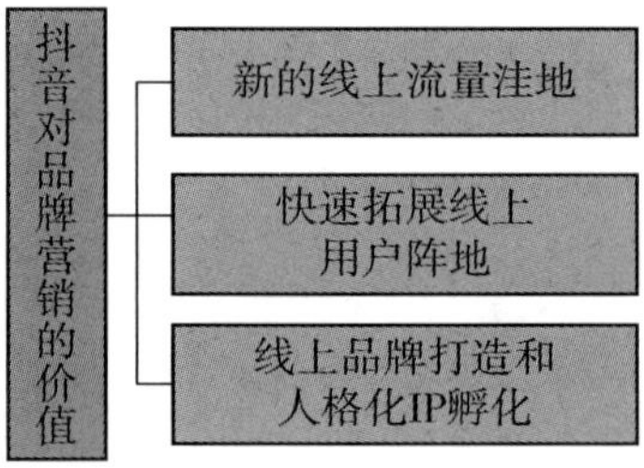

图12-1　抖音对品牌营销的价值

◆新的线上流量洼地

如果将流量看作流动的人群，那么，“流量洼地”就是一个重要地标或城市核心商圈，这里会吸引大量人群驻足，是企业营销推广的绝佳场所。在目标用户集中的区域传播优质内容，可以让企业以较低的成本实现大范围传播推广。而抖音作为一个亿级流量平台，拥有海量高黏性的年轻用户群体，值得所有企业给予高度重视。

目前，淘宝、天猫、京东等传统电商平台的发展进入瓶颈期，流量成本不断提升，这些电商平台希望获得更多新的流量入口，抖音给它们提供了一个新方向。与此同时，抖音也在尝试布局电商业务，吸引众多抖音达人与企业来此做电商导流。在以人为本的移动互联网时代，电商内容化、社交化是主流趋势，通过生产优质内容，对用户进行社群化运营来引流、促活、留存及转化，成为电商迈向新的发展阶段的重要驱动力。

◆快速拓展线上用户阵地

抖音用户以年轻用户为主，而且女性用户占比高于男性，在一线、二线城市普及度较高，具有极高的商业探索价值。这些结论在企鹅智库、极光大数据、抖音官方报告等诸多抖音研究报告中均能找到力证。

抖音的崛起与短视频本身的特性存在直接关联。从文字到图片，再到视频、直播等，人们希望能够以更低的成本获得更全面的信息。与此同时，日渐增快的生活节奏又使人们的信息获取行为变得移动化、碎片化，而短、平、快的短视频很好地迎合了这一趋势。在短视频平台，人们可以通过随身携带的智能手机随时随地浏览自己感兴趣的短视频内容。

具体到抖音来看，抖音App为用户提供了关注功能，用户可以通过关注抖音账号来获取自己感兴趣的内容。如果运营人员可以对内容进行精心设计，增强内容的趣味性和互动性，就可以帮助企业和目标用户进行有效沟通，增进用户对企业的认知，让双方建立信任。

此外，抖音用户比较年轻，热衷于接受新鲜事物，而且是手机重度用户，这些特点决定了很多抖音用户同时是微博和微信用户，为企业运营人员进行用户导流提供了诸多便利。运营人员可以在这三大流量平台之间导流，利用在微博、微信公众号中积累的流量，快速帮助抖音企业号积累大量粉丝。

◆线上品牌打造和人格化IP孵化

微博、微信平台的流量红利已经消失，而且出现了同质化竞争、用户感官疲劳等很多问题，导致企业营销推广的成本越来越高。但抖音正处于增长阶段，流量成本较低，而且平台也给入驻的品牌和企业提供了诸多支持。

曾经某个个体或组织在微博、微信“一夜成名”的故事正在抖音上演，很多自媒体创业者或拥有某种才艺的人借助抖音积累了上千万粉丝，享受到了抖音带来的巨大红利。

初期的抖音主打音乐短视频，以15s以内的自拍类短视频内容为主，炫酷的特效和动听的背景音乐成功地吸引了海量年轻用户。随着抖音逐渐发展壮大，品牌定位转变为“记录美好生活”，抖音变得更为人性化、生活化，更有利于用户与企业、用户与用户之间进行情感交互。而情感交互是企业开展平台建设、孵化人格化IP的重要基础。

营销路径：蓝V企业的三大类型

任何平台的红利都是转瞬即逝的，微博、微信平台如此，抖音平台也是如此。如何在抖音红利尚未消退之际，借助抖音积累用户、促进产品销售，是企业营销人员思考的重要问题。在分析具体的品牌营销策略之前，我们先来分析一下抖音企业蓝V账号的类型。

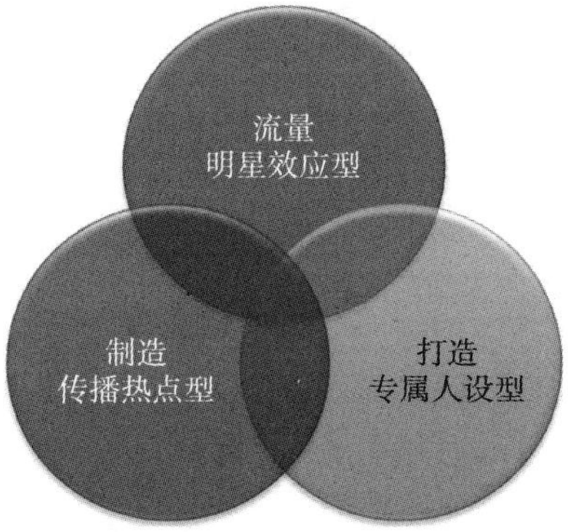

图12-2 蓝V企业的三大类型

◆流量明星效应型

与微信、微博类似，流量明星在抖音平台也拥有庞大的粉丝群体，截至2019年3月1日，Angelababy拥有7791.4万粉丝；杨洋拥有4266.4万粉丝等。这些明星自带庞大流量，对企业开展抖音运营是极大的帮助。因此，与抖音流量明星合作，不失为企业快速获得较高曝光量的有效途径。

以阿迪达斯旗下的运动休闲品牌adidas neo为例，该品牌的主要用户是清新活力、时尚潮流的年轻人，与抖音用户有较高的重合度。adidas neo在2018年1月正式入驻抖音，同年3月被抖音官方选为重点扶持的品牌主官方账号之一。

对adidas neo账号的短视频内容进行分析不难发现，其分享的短视频以其明星代言人（包括易烊千玺、郑凯、迪丽热巴、郭采洁）的相关短视频内容为主。截至2019年5月，adidas neo拥有粉丝107.7万，发起的“我要一个脑洞抱”“时尚起来没玩没了”话题活动分别取得3亿人次、4.7亿人次的播放量。

在抖音平台，自带流量的明星、KOL对提高广告效果的作用是显而易见的。根据抖音官方公布的数据，与普通广告相比，明星、KOL参与的广告有效播放率提高了60%；与其他人称相比，使用第一人称的抖音广告的平均点击率提高了35%。

明星、KOL对其粉丝有较强的影响力，如果能与明星、KOL合作，将会显著提高抖音竖屏广告的营销效果。不过，与明星、KOL合作需要确保他们符合品牌调性，让美食达人为时装品牌代言绝非明智之举。

◆打造专属人设型

功能和价格在消费决策中的影响力逐渐弱化，情感和服务对消费决策的影响力明显提升。而情感是需要通过人与人之间的交互来传递的。因此，为品牌打造专属人设，使之具备一定的温度和情感，成为企业营销的有效手段。

为了打动年轻化的抖音用户，大部分入驻抖音的品牌没有选择硬性推广，而是结合目标用户需求，为品牌设置专属人设，固定短视频人物选角、风格、调性等，在用户心中塑造一个虚拟化的人物形象。

◆制造传播热点型

抖音作为一个亿级用户平台，具备开展病毒传播、塑造全网热点的能力。制造传播热点需要创作一些用户感兴趣的内容，如趣味内容、猎奇内容等。

小米是一批较早进行蓝V认证的抖音企业号之一，深谙互联网思维的小米建立了专业化的抖音运营团队，创作了很多好玩有趣的短视频内容。例如，利用冷幽默的自黑方式向用户传递了小米手机兼具科技和艺术的特性；向用户分享如何在忘带工卡的情况下“潜入”公司的技能等。

按照封面、内容铺垫、高潮结尾的内容结构对小米短视频进行拆解可以发现，小米短视频封面设计注重视觉冲击力，强调在第一时间吸引用户关注，让用户点击观看；内容铺垫运用自嘲、接地气的风格顺利过渡，赢得用户好感；高潮结尾部分注重反转性、给用户留下想象空间，并鼓励用户在评论区留言。此外，小米品牌LOGO、小米手机等经常作为道具巧妙地植入拍摄场景中，有效提高了小米产品及品牌曝光量。

品牌攻略：蓝V企业的营销技巧

正处于流量红利期的抖音带火了玩具、奶茶、茶馆、冰淇淋店、小程序，甚至为西安贴上了“抖音之城”的标签。重视并善于利用抖音营销，成为企业摆脱日益激烈的同质化竞争的关键所在。

从整体来看，抖音平台聚集了一批城市年轻群体，而且以女性用户为主。考虑到平台用户特性，与人们日常生活场景相关的服务型企业在开展抖音营销方面更具优势。

当然，对于已经拥有一定品牌影响力的企业来说，借助抖音可以进一步强化用户对品牌的认知，因为短视频形式的内容可以让企业与用户进行即时交互。

抖音是一个开放性的平台，入驻的企业众多，要想从众多企业中脱颖而出，必须尽可能在内容中融入更多创新元素，为用户提供好玩、有趣、有价值的内容。具体来看，蓝V企业在抖音平台上的营销玩法主要包括以下几种：

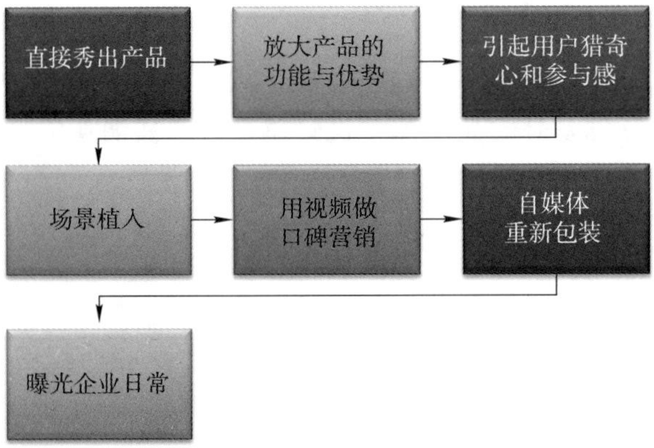

图12-3　蓝V企业的营销实战技巧

◆直接秀出产品

如果企业的产品本身具有明显的领先优势，如拥有独特功能、融入了新奇的创意、有更高的科技含量等，可以直接展示产品。例如，可以将语音直接转换为文字的讯飞语记App，能够一键升降、自动隔开已经煮好的食物的网红火锅神器等都是典型代表。由于很多用户有在朋友圈分享好玩有趣的事物的习惯，这类产品很容易实现广泛传播。

电商卖家对这种营销方式尤为青睐，很多能够彰显民间智慧的商品，通过在抖音上直接展现产品功能成为爆款。例如，为不愿意吃主食的宝宝制作有趣饭团的工具，将手机壳和自拍杆融合起来的实用工具等。

◆放大产品的功能与优势

具备独特优势的产品毕竟只是少数，大部分商品的优势可能没有那么亮眼，此时，就需要营销人员进行适度的夸张。例如，宝马GT拥有较大的空间，为了强化这一优势，营销人员上传了在宝马车内“藏”12个人的短视频，给很多用户留下了深刻印象。

凯迪拉克开发了独特的“一键开启中控隐秘存储空间”功能，而“隐秘空间”和有较高话题性、贴近人们日常生活的“藏私房钱位置”可以很好地结合起来。凯迪拉克营销人员上传了一段用该功能藏私房钱的短视频，几天时间就获得了超过10万人次的点赞。

◆引起用户猎奇心和参与感

海底捞有10余种锅底（菌汤锅、番茄锅、牛油锅等）、20余种调料，吃法非常多元化，喜爱吃火锅的食客们研究各种好吃的底料搭配方案，将真正创造独特美味的底料搭配方案分享在抖音后，得到了大批用户的追捧。

海底捞也充分利用这种特性，选取了几款受抖音用户好评的底料搭配方案作为套餐，推荐给普通食客。而普通食客看到这种套餐后，在猎奇心理的驱动下会主动尝试。同时，自己动手搭配底料的做法，也让他们获得了参与感和成就感。此外，因为这种套餐本身出自有经验的食客，性价比较高。

◆场景植入

场景植入在影视剧广告中尤为常见，制片方将某品牌的产品作为道具植入某个场景。如果运用得当，不但不会引发观众反感，还会促使观众主动与朋友分享广告植入的创意。在抖音营销中，营销人员也可以采用场景植入。例如，让短视频中的演员穿上带有品牌LOGO的服装；在桌子上摆放品牌的产品；播放与品牌相关的背景音乐等。

◆用视频做口碑营销

例如，某臭豆腐品牌的营销人员经常在抖音上分享顾客排长队购买臭豆腐的短视频。在生活节奏日渐加快的当下，能够让顾客排队购买有力地证明了产品受顾客欢迎的程度。这种短视频仿佛在告诉观众，“大家都来购买，你要不要来试试？”

◆自媒体重新包装

以网络动画“一禅小和尚”为例，该品牌在抖音平台发布了讲述小和尚一禅和师父以及身边的人和事的短视频，以精简的小故事向观众传达深刻的人生哲理，引起了很多年轻人的共鸣，受到许多用户追捧。由此可见，抖音账号的运营应该在分析用户的基础上，确定自身的内容类型，从而提高内容成为爆款的概率。或者自媒体团队或运营自媒体的企业，可以对已经积累的自媒体内容进行重新包装，将其转化成抖音短视频的形式分享给用户，在抖音庞大流量的支持下，很容易实现广泛传播。

◆曝光企业日常

除产品、服务和品牌外，企业文化也是帮企业进行营销推广的有效工具。尤其是那些已经有了一定知名度的企业，大众会对企业领导者、高管的日常非常感兴趣。例如，马云、马化腾、雷军等企业家的一举一动都会受到外界的广泛关注，甚至会被外界过度解读。如果这些企业的运营人员利用抖音分享一些办公室事趣事、高管日常等，也能吸引相当多的流量。

抖音营销玩法当然不仅限于上述几种，除了这些玩法，营销人员还可以采用官方付费推广、与KOL合作等方式开展营销活动。需要指出的是，在实践过程中，营销人员可以将多种营销方式结合在一起，让用户长期保持新鲜感。

竖屏思维：品牌广告的创意法则

2018年8月，抖音官方发布了《竖屏广告创意指导手册》，该手册由国家广告研究院和知萌咨询机构联合制作，为入驻抖音的自媒体、品牌及企业开展抖音营销提供了专业指导。通过对该手册进行总结分析不难发现，抖音鼓励用户提供竖屏广告绝不是简单地要求将视频做成竖屏播放的形式，而是要求用户掌握竖屏化思维，能够将其运用到抖音营销的方方面面。

具体来看，抖音广告的竖屏化思维包括以下几点：

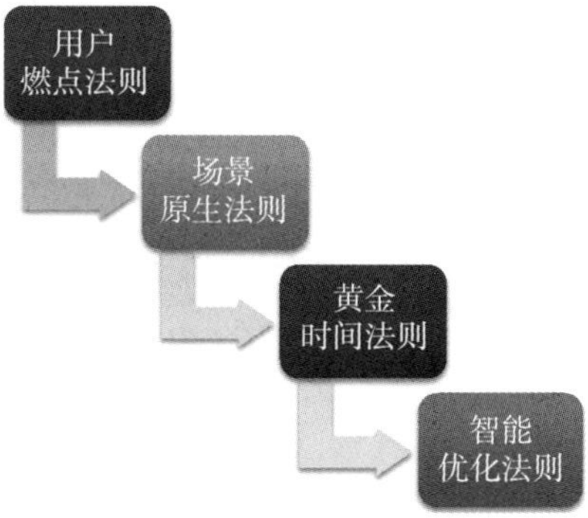

图12-4 品牌广告的创意法则

◆**用户燃点法则**

与当下的热点内容相结合是提高营销效果的一大利器，抖音营销亦是如此。以曾入选“抖音V-UP竖屏广告创意大赛”的奥利奥广告为例，该广告选择了贴近用户日常生活的“慢慢靠近你”情节，可以让用户产生带入感，结尾处的转折让观众眼前一亮，原来“靠近你”并非最终目的，而是为了抢奥利奥饼干。

因此，开展抖音营销时，营销人员可以先对平台上的热门内容进行分析，结合自己的创意和灵感对热门内容进行微创新，将广告巧妙地植入其中。需要指出的是，根据热点内容创作竖屏广告时，尤其需要注意以下两点。

（1）注重平等性、交互性，符合用户日常语境。

在以抖音为代表的诸多新媒体平台中，用户希望的是平等对话，而不是某个所谓的专家对自己说教。生活经验告诉我们，说教容易让信息接收方产生抵触情绪，而抖音又是开放的，用户有自由选择是否观看的权利。如果以说教的形式呈现广告，很难留住用户，更无法完成营销转化。

抖音视频内容具有快节奏、娱乐化、生活化的特征。知萌咨询机构公布的数据显示，创意、美食、反转剧类型的内容在互动率方面有明显优势。与纯广告内容相比，以音乐、舞蹈、好玩有趣的故事的方式植入，使广告播放率增加了0.53倍，完播率提高了1.39倍，评论率提高了23.9倍，转发率提高了10.7倍。

（2）注重可模仿性，刺激用户主动传播。

不难发现，抖音上取得良好营销效果的广告往往都有海量用户的广泛参与。CoCo奶茶之所以能在抖音上“刷屏”，与用户自发创作UGC视频并传播存在直接关联。在模仿竖屏广告创作UGC内容的过程中，用户可以获得参与感、体验感，进而更积极地参与竖屏广告传播与分享。抖音平台上容易引发用户模仿的内容主要包括展示炫酷技能、美好生活与爱、生活小妙招等。

◆场景原生法则

在广告中展现产品的实际应用场景，更容易让消费者了解产品的功能、优势等，消除消费者心理防线，达成更多交易。

抖音竖屏广告数据显示，与促销广告相比，生活场景广告点击率要高1.34倍；与没有人物相比，有人物的生活场景广告点击率要高0.71倍。所以，在创作生活化竖屏广告时，抖音营销人员要注意以下两点。

（1）生活化的原生内容。

每天被琐事缠身的人根本不愿意将时间花费在看广告方面，想要达成预期营销目的，必须将广告转变为原生内容，而且要与用户生活场景相结合，不能自娱自乐。营销人员可以从以下三个角度来创作生活化的原生内容。

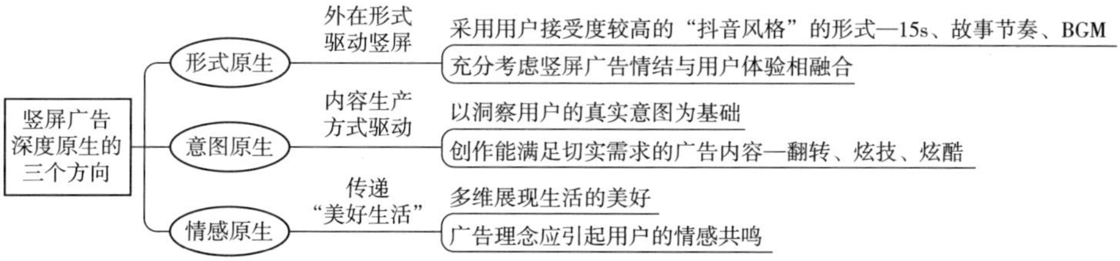

图12-5 竖屏广告深度原生的三个方向

★形式原生。结合抖音竖屏视频特征，从广告形式上进行创作，如时长15s左右、有欢快的BGM、有起伏的故事情节等。

★意图原生。对用户进行深入调查，创作真正符合用户需求的内容。

★情感原生。从用户追求美好生活等情感方面切入，用富有情感的内容打动用户。

（2）制作精品内容，引领美好生活。

随着抖音广告内容快速增长，用户对广告的识别能力也在不断提升，硬性广告已经很难达到营销目标了。想要打动用户，营销人员必须制作精品内容，让用户有所收获。

创维原生广告《你忙完了，孩子也长大了》之所以能够获得“V-UP竖屏广告创意大赛”最佳原生组金奖、最佳创意组金奖和全场大奖，并不是因为采用了什么炫酷的特效、有多么强大的创作团队，而是因为该广告传播正能量，引领美好生活，呼吁父母拿出更多的时间与精力陪伴孩子成长，这些主题与内容打动了很多用户。

◆黄金时间法则

广告时长是影响广告效果的一个重要因素，抖音公布的数据显示，与超过15s的短视频广告相比，15s以内的短视频广告完播率提高了0.96倍，转发率提高了3.03倍，评论率提高了5.45倍。因此，缩短广告时长是抖音营销的必然选择。当然，在有限的时长内展现出有创意、互动性的内容并非一件简单的事情。

（1）令人惊艳的开头，5s内吸引用户关注。

企业界盛行的电梯法则要求运营人员用极具吸引力的方式简明扼要地

阐述自己的观点。快节奏是抖音的一大平台特性，优秀的抖音广告需要在5s内吸引用户关注，让用户产生观看的冲动。

对抖音平台的广告进行分析可以发现，播放量更高的广告通常时长较短，而且在开头呈现关键信息，迅速抓住用户眼球。部分广告营销效果不佳很大程度上是因为开头平平，用户点开后迅速将其略过。事实上，抖音短视频前5s的内容非常重要，就像公众号文章的标题一样，如果开头不够吸引人，用户根本不会看完，即便后面呈现非常精彩的内容，也很难达成营销目标。

（2）突出产品重点，减轻用户记忆负担。

抖音竖屏广告本身时长较短，无法展现产品的所有信息，选择一个卖点重点突出是更明智的选择。而且如果信息密度过大会给用户造成记忆负担，难以在用户心中留下深刻印象。

◆智能优化法则

利用抖音平台提供的技术与服务支持对广告进行优化也能提高营销效果。抖音利用今日头条的智能推荐算法，根据用户需求为其推荐个性化内容。为了让广告精准触达目标用户，营销人员需要重视标签与标题设计。

在标签方面，人们渴望得到他人的认可，会主动寻找那些和自己特性一致的事物。所以，为广告设置“佛系青年”“二次元”“旅游爱好者”等符合用户需求的标签，对提高短视频的点击量和完播率具有颇为积极的影响。

标题也非常关键，它是人们用来筛选内容的重要工具。“广告之父”大卫·奥格威（David Ogilvy）曾指出，“读标题的人是读正文的人的5倍”，所以标题的设置应该引起所有抖音营销人员的重视。公众号标题设置得简短、有冲击力等技巧，在抖音竖屏广告标题设置方面同样适用。

现阶段，竖屏广告仍是一种新生事物，广告公司、营销从业者等都在探索其制作、转播、转化等方面的技巧。以抖音为代表的竖屏短视频平台的崛起将有力推动营销创新与变革。为充分抓住抖音红利期，营销人员需要不断对成功案例进行总结，长期为目标用户提供符合其观看习惯、满足其真正需要的优秀作品，让用户在享受内容的过程中不知不觉地对品牌留下深刻印象。

【案例】支付宝：借助幽默搞笑实现品牌推广

近两年，短视频平台相继崛起，短视频市场竞争越发激烈，抖音凭借音乐、社区两大特性脱颖而出，日均视频播放量达到了10亿，吸引了大量品牌入驻。抖音不仅拥有规模庞大的用户群，而且拥有很多年龄在15～22岁的年轻用户，这些用户多来自一线、二线城市，男性用户与女性用户的比例约为4∶6。在年轻化的市场环境下，这些年轻用户是很多品牌的目标用户群体。

2018年3月，抖音与adidas neo、奥迪和卡萨帝洗衣机等品牌建立战略合作。随后，抖音推出品牌主页蓝V认证权益。品牌主页可以展示更多品牌主的信息，包括品牌信息（文字介绍、账号头像蓝V身份认证等）、转化入口（品牌官网、电商等）、内容聚合、品牌视频等。

作为一款移动支付类工具，支付宝有一个最大的竞争对手就是微信支付。为了稳固自己在移动支付领域的地位，拓展自己的品牌影响力，支付宝于2018年3月正式入驻抖音。此前，用户普遍将支付宝视作一种工具类产品，但支付宝在抖音上的玩法改变了广大用户对它的印象。支付宝在抖音发布的内容以幽默搞笑为主，让用户在收获快乐的同时主动对品牌进行传播推广。

例如，支付宝抖音企业号分享支付宝员工的工作日常，让用户感受支付宝的团队文化、企业文化等；分享种树短视频，让用户了解“蚂蚁森林”项目如何让“生态环保之树”落地生根；发布同事间的深厚友谊如何在“蚂蚁区块链喷漆”作用下变成“塑料花友谊”的情景喜剧等。

图12-6 支付宝抖音号

事实上，支付宝的运营渠道并不仅限于抖音，而是涵盖了几乎所有的主流媒体，而且不同的平台采用不同的运营策略，以便更好地适应不同平台上的用户。例如，微信上的支付宝热衷分享各种好玩有趣的表情包；微博上的支付宝则是阳光、自信、充满正能量；知乎上的支付宝则是严肃、认真、专业等。

虽然中小品牌不像支付宝一般拥有资金、人力、技术等各种优质资源，无法做到全媒体运营，但选择一个或几个渠道有重点、有针对性地运营，也能满足自身的营销需求。未来，广大中小品牌运营人员需要积极向支付宝等头部品牌学习，争取利用有限的资源实现营销效果最大化。

除此之外，抖音还拥有超强的创造力。抖音平台有很多脑洞大开的视频，很多视频内容都打破了营销人员的传统认知。抖音用户的兴趣爱好不仅局限于音乐、舞蹈等领域，其他领域也有所涉及。用户基于特有的兴趣、爱好形成抖音小社群，每个小社群都有自己的KOL，如果品牌能打动这些KOL，就能通过他们渗透到更多小社群，扩大自己的影响力。

作为一个去中心化的短视频平台，抖音让每个用户都有机会展现自己的才华，获得流量与资源。抖音采用个性化推荐机制，让所有用户处在同一条起跑线上，激发了他们创作内容的积极性，增强了用户黏性。现阶段，短视频的价值正在逐渐展现，而且已得到普遍认可。作为短视频领域的头部平台，未来，抖音必将基于自身储备的海量流量爆发出更大的广告价值。

第 13 章

营销赋能：品牌如何玩转抖音营销

明确定位：精准对接用户的需求

◆企业号定位：品牌理念与内容相一致

部分运营人员为增加品牌曝光量，盲目追随热点，导致内容风格、调性不一致，难以沉淀高价值粉丝。事实上，热点内容虽然有较高的关注度，但并不适合所有的品牌。正所谓“彼之蜜糖，吾之砒霜”，如果选择的热点内容不合适，不但不能促进品牌传播，还会产生反效果。

运营人员在对抖音企业号定位时，应该坚持可持续发展、和品牌理念与文化相契合、有清晰明确的风格与调性等原则。在具体实践中，运营人员需要考虑以下五个方面。

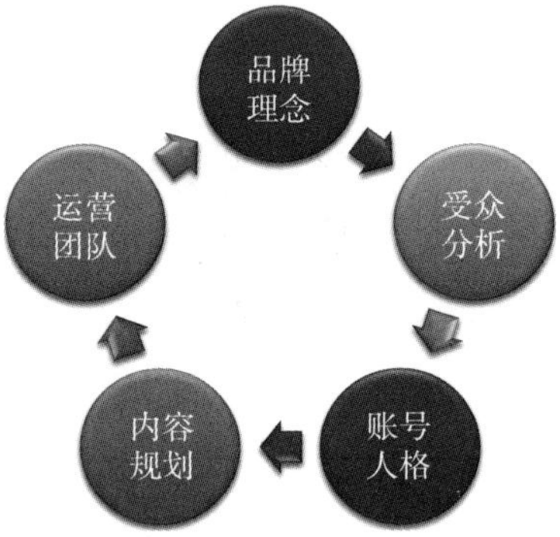

图13–1　企业号定位的五个方面

（1）品牌理念：体现在品牌运营的所有流程和环节中。

（2）受众分析：洞察品牌目标用户需求。

（3）账号人格：基于品牌理念、平台特性、用户画像为账号确定合适的人格化形象。

（4）内容规划：结合目标用户需求和平台潮流变化，设定一定周期内的内容规划。

（5）运营团队：根据运营目标确定团队人员搭配，力争实现优势互补、高效协同。

◆内容定位：产品特性与目标受众相契合

品牌方首先明确用户喜欢观看哪种类型的内容，然后有针对性地生产这类内容。要实现品牌营销最大化，品牌方必须持续创作优质的内容。在抖音营销的过程中，品牌商要对自身产品的特点进行分析、拆解，结合平台热点（节日庆典、挑战活动等）生产爆款型内容。例如，企业要想在抖音平台推广一款新产品，刺激受众下单购买，就必须在短视频中明确四个问题：

（1）产品的特性；

（2）产品的目标用户；

（3）产品的优势；

（4）产品可以解决什么问题。

但抖音短视频最长只有15秒，如此短的时间不足以解释上述四个问题，只能选择其中最重要的一个问题进行阐述，也就是“产品有什么优势？”其他三个问题可以通过其他方式展现，如产品特性可以通过产品本身展现出来，产品的目标用户可以通过抖音的算法推荐展现，产品可以解决的问题可以让受众通过常识进行判断。当然，如果一款产品超出了大部分受众的认知，就必须根据实际情况加入其他内容，或利用其他方式进行解释，为用户呈现一个完整的内容。

此外，品牌方还需要对文案进行精细打磨，通过调整文案寻找规律，鼓励用户积极发表评论。用户评论可有效提升内容的曝光度。为刺激用户评论，品牌可在文案中设置一些问题，鼓励用户给出答案，让用户积极参与互动，从而提升内容的曝光量。

在品牌开始持续生产内容，而且关注了内容发布与运营的关键点之后，运营人员要对内容营销数据进行监测、对比，发现问题的症结所在。当然，数据监测与对比分析不能只局限于自己生产的内容，要对平台上所有的内容进行分析，发现最受用户关注与喜爱的内容，找到最容易吸引用户互动的内容，然后据此对自己生产的内容进行调整。

另外，品牌可以在抖音平台寻找同类内容。例如，母婴品牌可以在抖音平台寻找其他母婴类账号，学习这些账号的内容生产方法与模式。当然，品牌还要关注自己的用户，进入用户账号分析他们喜爱的内容类型，总结出共同点，根据用户喜好生产内容。

总而言之，品牌在抖音平台生产内容，要将自己拥有的资源与品牌生产的内容进行绑定，有计划地进行生产。在内容生产方面，品牌还可以从其他平台吸取、借鉴一些有益经验与做法。例如，从微信公众号借鉴一些火爆的内容，从微博借鉴一些火爆的话题，将这些内容与品牌相结合，用视频化的方式将这些内容呈现出来。除此之外，抖音平台还有一些热门的歌曲、舞蹈，品牌可以将其与自己的道具、场景、角色相结合，组织内容生产。

在内容创作过程中，最重要的环节就是明确品牌特质，对品牌特点进行拆解，将真正有价值的内容阐述出来，做情绪化产出。通过这种方式，品牌就能生产出优质的、吸引人的内容。

抢占心智：打造人格化IP五步法

人格化是将事物拟人化，让事物成为像人一样有情感、会做动作的样子。实现人格化的企业号可以和用户进行情感交互，而不是简单地传递信息，对企业号引流、促活、转化、危机公关处理等具有十分积极的影响。

构建人格化IP是现代企业建立市场竞争力的重要手段，也是抖音短视频营销体系中的重要环节。具体来看，在抖音平台上，构建人格化IP需要从以下几个方面展开：

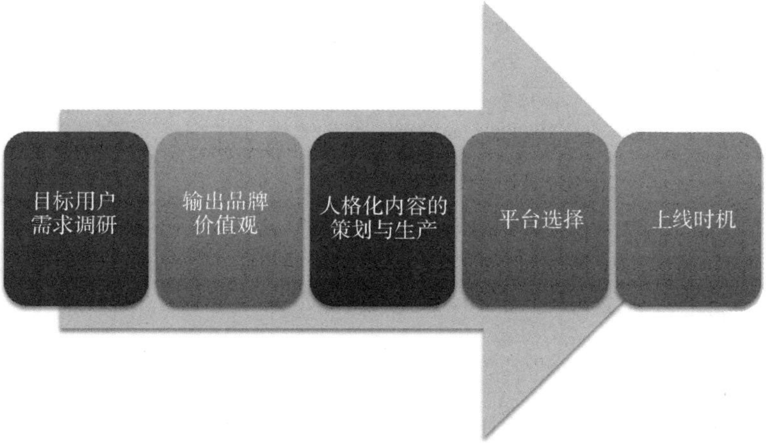

图13-2　打造人格化IP五步法

◆目标用户需求调研

目标用户需求调研是构建人格化IP的一项基础工作，因为人格化IP需要有清晰的角色定位，而角色定位是需要根据用户需求来确定的。只有了解目标用户，深入洞察其需求，才能打造出被用户认可、具有较高变现前景的人格化IP。

开展目标用户需求调研时，运营者需要考虑目标用户存在哪些共性，用户年龄构成、性别比例、区域分布、职业范围、兴趣爱好等。以金融理财用户为例，目前，我国金融理财类用户以中青年男性群体为主，是中高等收入人群，正处在职业生涯成长期，虽然生活与工作的磨砺让他们变得较为谨慎，但他们也敢于冒险。

深入了解用户需求后，运营者通过打造满足其需求的虚拟化形象来逐渐与之建立信任关系，最后将这种虚拟化形象转变为人格化IP。当然，这需要运营者有较高的情商，能够换位思考，站在用户角度制定运营策略。

◆输出品牌价值观

缺乏价值观的品牌很难形成较强的影响力，特别是在信息过载的移动互联网时代，没有特定价值观，意味着品牌难以和竞争对手形成较高的区分度，不能通过品牌故事、内涵等抢占用户心智，很容易陷入价格战的泥潭无法自拔。

事实上，我们可以将品牌价值观视作人格化IP形成的基础设施，就像人需要水和电一样，人格化IP的打造也需要品牌价值观的支持。想要让品牌价值观更好地服务于人格化IP构建，需要确保其传播正能量，符合主流价值观，具有一定的特色，可以在消费者心中形成较高的辨识度。

◆人格化内容的策划与生产

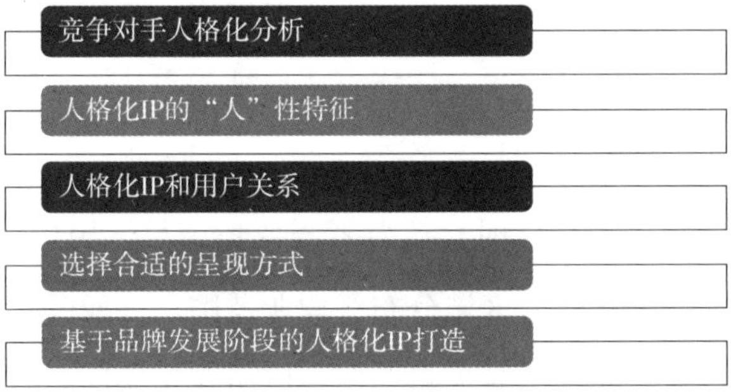

图13-3　人格化内容的策划与生产

（1）竞争对手人格化分析。

竞争对手是否已经开始构建人格化IP，其人格化IP有着怎样的定位，采用了怎样的运营策略，存在哪些优势和不足，对我们构建人格化IP有怎样的启示等。

现代企业竞争并非零和博弈，而是相互学习、共同进步。向竞争对手借鉴经验，可以让运营者降低试错成本，提高人格化IP构建成功率。

（2）人格化IP的“人”性特征。

这一环节对运营者的策划能力有较高的要求，需要其根据特定人格化IP策划一系列内容。运营者可以参考影视剧中编剧为重要角色设计的人物小传，从年龄、性别、性格、职业、兴趣、标志性动作、重要事件等方面将人性特征具体化。

人设要力求丰富、有内涵，可以在目标用户心中形成具体形象，甚至可以让他们和某个人联系起来。当然，运营人员也可以摆脱现实世界的桎梏，为人格化IP设计一套虚构的世界观。当然，世界观要逻辑严密，自圆其说。从视频内容制作角度上，运营人员需要从以下几个方面进行人设策划：

★肢体动作；

★语言风格；

★经典表情；

★背景音乐；

★人设昵称；

★粉丝名称。

前四个方面是通过视频内容呈现来强化用户对人设的认知，强调简单化、标准化、程序化。后两个方面则是在用户运营时，让用户对人设形成较高的忠实度，其中，人设昵称是用户给人设取的昵称；粉丝昵称则是粉丝为自己这一群体取的昵称。

（3）人格化IP和用户关系。

对企业抖音短视频营销来说，人格化IP的一大显著优势在于，企业向用户推送营销内容时，用户会感到这是“某个人和自己互动”，而不是“某个冷冰冰的品牌向自己推销”。人格化IP和用户关系并不固定，如明星和偶像关系、朋友关系、宠物和主人关系等。这种关系决定了人格化IP需要以某种特定的形式和内容与用户进行互动。

例如，明星和偶像关系是让人格化IP成为用户生活方式的引领者；朋友关系是人格化IP和用户平等交流，成为密切互动的朋友；宠物和主人关系是以用户为主导，人格化IP提供多元化服务，三只松鼠创造的三只萌宠（小美、小酷、小贱）就是典型代表。

（4）选择合适的呈现方式。

随着科技快速发展，互联网内容的呈现方式与传播渠道得到了极大的丰富。在呈现方式方面，运营者可以借助文字、图片、音频、视频等多种方式呈现内容。其中，视频又可以细分为短视频、长视频和直播三大类。具体到抖音短视频营销领域，虽然抖音内容主要是短视频，但短视频的呈现方式非常多元化，可以现场拍摄，也可以将照片做成视频，还可以制作虚拟的卡通人物视频等。

（5）基于品牌发展阶段的人格化IP打造。

处于不同阶段的企业其利益诉求存在明显差异，人格化IP的内容体系的打造也应有所不同。

★品牌孵化期。在这个阶段，人格化IP承担的首要任务是提高品牌知名度。因此，打造人格化IP所需要的内容体系应该追求实现大范围的传播推广，让用户看到内容后主动在社交圈内传播分享。确保内容题材新颖、视角独特显得尤为关键。

★品牌成长期。在这个阶段，品牌已经有了一定的知名度和影响力，人格化IP的重点是要进一步扩大品牌知名度和影响力，为品牌塑造正面形象，强化用户对品牌的信任。在内容规划方面，运营人员可以传播人格化IP参加公益的内容，或者与部分用户合作完成某项活动的内容等。

★品牌成熟期。在这个阶段，品牌有了较高的知名度和影响力，用户群体较为固定，人格化IP的重点是要促进品牌变现，实现利益最大化。在内容规划方面，运营人员要在内容中植入相关产品，坚持软性推广，提炼产品的一两个核心优势重点突出，尽可能避免影响用户的观看体验。

◆平台选择

人格化IP的传播平台不一定要局限于抖音，微信、微博、今日头条、斗鱼等大流量平台都可以很好地帮运营人员进行人格化IP的构建。有实力的企业可以选择全网传播，打造媒体矩阵，对目标用户进行多触点、全方位刺激；普通企业可以选择目标用户较为集中的平台进行重点运营。当然，这需要运营人员做好各个平台的用户数据调研工作。

◆上线时机

在营销领域，借势是所有营销人员都应该具备的基本技能，人格化IP的上线也要结合特定的时机。有些品牌是新品牌，上线时机的选择应该与目标用户的需求保持一致，如亲子、儿童品牌选择暑期上线等。

有些品牌已经运营几年的时间，需要通过构建人格化IP赋能品牌或促进品牌转型等。此时，运营人员可以选择品牌周年日、里程碑事件等作为人格化IP的上线时机。

诸多实践证明，拥有消费者认可与信任的品牌具有极强的生命力，当其遇到负面事件时，会有一批忠实的消费者主动站出来为其发声，帮助其化解公关危机，而人格化IP是让消费者对品牌建立信任的重要工具。

打造人格化IP可以进一步提高品牌的溢价能力，使品牌更加人性化，更加靠近用户，所有企业都应该对其给予高度重视，并将其视为企业的一项长期战略。

运营实战：抖音品牌营销的策略

部分企业开展抖音营销仅是简单地通过抖音平台分享品牌宣传片，虽然这类宣传片制作精美，但往往有一定的说教色彩，缺乏互动性，导致完播率、评论量、转发量等数据表现不佳。那么，企业的抖音营销应该打造什么内容呢？

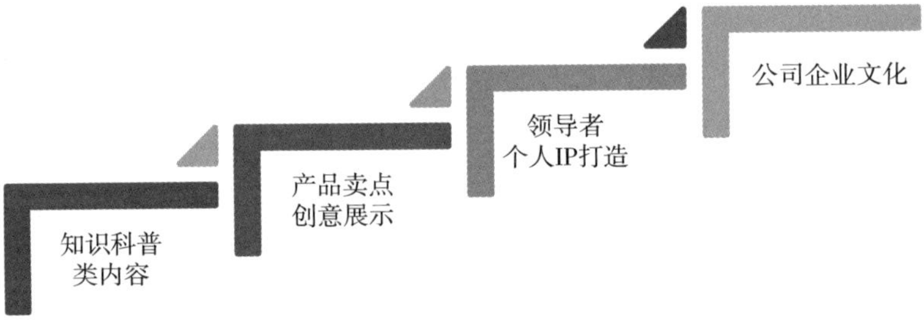

图13–4　抖音品牌营销的内容策略

◆知识科普类内容

能增长见识、满足用户好奇心的内容很容易获得用户青睐。因此，运营人员可以用资深专家的身份向用户分享与产品相关的知识，帮助用户学会如何辨别产品、正确使用产品等，从而抢占用户心智，让用户产生关联记忆。例如，尚品宅配抖音号向用户分享装修知识内容；丁香医生抖音号向用户分享健康知识内容等。

◆产品卖点创意展示

有独特卖点创意的产品可以直接向用户展示，年轻用户对这类产品本身就有极高的诉求。展示产品卖点创意时，可以运用以下技巧：

★通过合理的方式对产品卖点进行适度放大，如某品牌为了体现洗衣机运行时振动较小的特点，拍摄了一段在运行中的洗衣机上放置多层纸杯，纸杯稳定不倒的短视频。

★善于借势抖音热点内容，能为自己的短视频带来更多曝光量。

★结合用户使用场景，从特定场景中的需求出发展现产品卖点。

◆领导者个人IP打造

在注意力经济时代，企业领导者个人IP是企业的一项重要资产。利用抖音为企业领导者打造个人IP，也可以助力企业产品销售和品牌建设。打造领导者个人IP，首先要结合领导者的特点确定人设，之后通过分享领导者日常生活与工作动态等内容让用户认可这个人设，并主动维护人设。与此同时，还要通过线上、线下活动让领导者与粉丝沟通交流。需要指出的是，打造领导者个人IP往往需要较长时间，并不适合那些追求短期变现的企业。

◆公司企业文化

用公司企业文化内容影响用户也需要一定的时间。具体来说，运营人员可以通过分享员工工作环境、集体活动、有趣的工作日常等，逐步让目标用户认可企业文化。

整体来看，品牌开展抖音营销时，既要确保内容符合目标用户需求，又要确保内容可持续生产，内容形式、表现手法等可以千变万化，但风格和调性必须保持一致，这样才能让用户对品牌形成统一认知。

通过内容运营积累了足够的粉丝后，品牌就要开始考虑流量变现。变现有广告代言、电商导流等多种方式，但无论采用何种方式，都应该建立完善的用户运维体系，以保障用户体验为前提，实现可持续运营。

在抖音平台上，一条内容从突然爆火到归于平淡只需很短的时间，也就是说抖音热点内容的变更速度极快。例如，在一段时间内，在抖音热门内容中，舞蹈类内容占比极高，通过持续产出这类内容，很多账号都积累了大量粉丝，成为超级大号。

但现在，在抖音的热门内容中，直击用户心灵、引发用户思考的内容的占比越来越大，生产这些内容的账号获得了越来越多的关注，实现了迅速成长与发展。未来，在这种品牌生态中，必定还有其他类型的内容脱颖而出。

在抖音平台，热门内容的出现具有阶段性，主要原因在于，抖音账号生产内容都会迎合用户喜好，而平台上的用户在不断流动，而且用户喜好也在不断变化，这样一来，生产的内容类型自然也在不断改变。所以，品牌抖音营销要根据用户喜好创造真正流行的内容，打造爆款内容。

在内容发布之后，品牌账号要根据发布结果对内容进行调整，如果点赞数不多、评论量不够、播放完成度不好，运营人员要及时了解原因，查找同类型账号，向优质账号学习。另外，品牌账号还要充分了解自己的用户，发现用户喜好，从而对自己生产的内容进行调整。

有效转化：挖掘产品卖点与优势

如果企业入驻抖音平台的目的就是转化订单，而且这个目的非常强烈，就会想方设法将产品信息植入短视频，甚至不会考虑视频最终呈现出来的效果。为提高受众对视频的接受度，企业要设法让产品信息植入变得巧妙，不破坏受众的观看体验。那么，具体来看，企业的抖音短视频营销要如何展现产品卖点与优势呢？

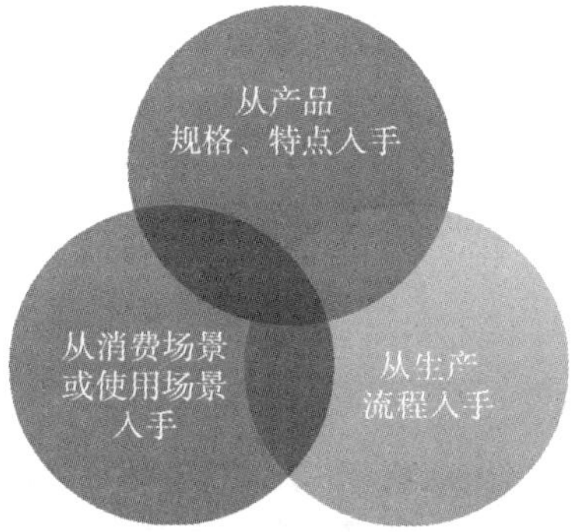

图13-5　挖掘产品卖点与优势

◆从产品规格、特点入手

企业通过短视频直接展现产品大小、重量和材质。为提高受众对短视频的接受度，企业要用更巧妙的方式展现上述内容。

抖音平台的用户非常看重视频的观感，所以，在展现产品规格时，最好不要采用科普方式，也不要陈列过多数据。究其原因在于，一方面，这种做法会让视频显得过于枯燥；另一方面，对于普通用户来说，他们不了解专业配置，专业数据过多会增加视频观看门槛，很容易出现看不懂、不愿分享、不愿传播等情况。反之，直接演示，直接展示产品的优势更容易被受众接受。

举例来说，某品牌手表的核心卖点是防水，那么在制作短视频时，制作人员可以放大这一优点，将手表放在水中一段时间取出，观察手表的运行状态。这种直接展现产品卖点的方法会给受众留下更深刻的印象，激发受众的猎奇心理，引发二次传播。

◆从生产流程入手

从生产流程着手制作短视频可以向受众传达一种专业、严谨的态度，这种短视频制作的关键在于将产品卖点与生产流程紧密结合。例如，“观宴海鲜自助餐厅”的短视频，拍摄了厨师处理食材的过程，展现了该餐厅在“海鲜自助”领域的专业性，吸引了大量用户关注。

图13-6 “观宴海鲜自助餐厅”抖音企业号

◆从消费场景或使用场景入手

抖音平台为场景化营销提供了极大的便利。抖音平台的场景化营销多从消费场景或使用场景着手，是一种非常流行的营销方法。在场景化营销领域，答案茶做出了有益示范。

场景化营销的关键在于将产品的使用场景与产品卖点相结合。例如，答案茶的消费场景是喝，卖点是可以占卜，能够带给消费者有趣的体验。因此，答案茶的短视频重点展示了喝之前的占卜过程，通过这种“占卜仪式”与其他奶茶进行区分，给受众留下了深刻印象。

另外，品牌要想通过抖音短视频营销打造爆品，必须吸引用户互动，转发内容，进行二次创作。例如，答案茶的短视频发布之后，很多用户都上传了自己购买、消费答案茶的短视频，引起了二次传播，成功地将答案茶打造成了抖音爆品。

所以，在抖音短视频营销的过程中，营销人员一旦发现某款产品有可能成为爆品，就要积极造势，推波助澜。

对于已经进入成熟阶段的企业（如小米手机、百度搜索、阿里巴巴等）来说，入驻抖音平台的目的不只是流量转化，还包括品牌营销，也就是接触更多用户与潜在用户，积累口碑。虽然品牌营销的效果无法立刻显现出来，但却有利于品牌了解用户需求，树立良好的品牌形象。

一般来讲，这些企业在抖音注册了多个账号，每个账号都有自己的营销职责。例如，阿里巴巴的抖音账号“程序员鼓励师”，华为的抖音账号“华为云”等。这些账号开展品牌营销最常用的方式就是拍摄员工的工作日常，内容通常会围绕工作中的一些趣事展开。

这些企业通过这种方式开展品牌营销的原因非常简单，就是希望通过分享员工的工作日常满足受众的好奇心，拉近品牌与受众之间的距离，增强受众对品牌的认同感，让品牌变得更加亲切，获得更多受众的喜爱。

诚然，抖音在品牌营销方面有诸多优势，但无法替代微博、微信等渠道。目前，抖音营销吸引了越来越多的企业关注，其主要原因就在于抖音顺应了移动互联网的发展趋势。在营销领域，一条新渠道的出现并不意味着旧渠道的消失，很多时候，品牌营销需要综合多条渠道、多种方法，大胆尝试，只有这样才能顺应发展趋势，不被时代抛弃。

【案例】小米：基于抖音的品牌营销策略

深谙互联网思维的小米在营销领域是个中翘楚，对于抖音这个入口级平台，小米给予高度重视，并投入大量资源成立抖音运营团队、建立抖音账号矩阵等，为小米产品销售及品牌建设注入了巨大能量。

◆风格定位与品牌调性深度结合

清晰合理的定位是品牌运营抖音的重要基础，这样才能与竞争对手实现差异化。小米抖音企业号的风格定位是一位“接地气、冷幽默、大开脑洞的工程师形象”。该形象与小米以用户为中心、追求小而美的品牌调性也保持一致。

◆差异化内容，有趣有料有特色

时长短是短视频的一大特色，也正是因为这一点，短视频才能迎合移动互联网时代移动化、碎片化的内容消费特征。如何在短时间内让用户对短视频感兴趣，是抖音运营人员需要解决的重要问题。对于这一问题，小米抖音账号运营人员给出的答案是“内容差异化，有趣有料有特色”。例如，小米抖音账号分享的“怎样在办公室低调的装酷”“巧用手机镜面拍摄风景大片”等短视频既有专业知识，又极具趣味性，吸引了大量用户点赞和传播。

此外，与抖音热门音乐或有趣的故事相结合也是小米抖音账号的一大特色。例如，《平凡之路》这首歌曾在抖音平台非常流行，很多账号创作了与这首歌相关的内容，音乐响起之后可以将镜头拉远拍摄全景。小米抖音运营人员也使用这首歌，采用拉远镜头的方式拍摄了员工团队、上市新品等，创造了很多热门内容。

抖音平台上每天都会出现大量新内容，热门内容也不断推陈出新。因此，品牌要想长期获得粉丝关注，对内容进行持续更新，必须与用户进行高频互动。

图13–7 “小米手机”抖音号

◆ “官方号+个人号”同步运作，打造传播小矩阵

小米抖音账号包括两大类：一种是“小米手机”“小米商城”等官方性质的账号；另一种是“小米员工的日常”等员工性质的账号。前者主要向用户分享产品相关内容，后者以员工日常、小型会议、发年终奖等各种碎片化的生活场景为主，传播小米的企业文化。小米抖音账号运营人员通过官方号和个人号的协同配合，扩大营销势能，取得了颇为良好的传播效果。

图13-8 小米抖音矩阵

小米抖音运营之所以能够成为品牌抖音运营的典型案例并非误打误撞，而是小米抖音运营人员深入研究与探索的成果。小米抖音运营内容掌握了平台规则与用户需求，以此为基础为小米设立了一个清晰的人设，并且通过长期输出优质内容与用户交互，引导用户参与、转化等。这种做法

值得抖音运营人员充分学习并借鉴。

◆联合抖音官方，推出“抖音快闪店”

2019年1月7日，小米公司宣布将与抖音联合发布战略级新品，双方于1月10日同步发布全新的独立品牌红米Redmi，以及全球首个抖音快闪店。根据统计数据显示，在双方合作活动中，红米Redmi note7产品预约量558万，相关短视频播放量超过2亿人次，点赞量339万人次。

此次小米和抖音合作能够大获成功，和以下因素存在直接关联。

（1）小米为产品销售开发了新渠道。用户可以在快闪店中预约红米Redmi note7，预约成功后可在1月14日参与抢购活动。

（2）抖音快闪店是新事物，而且限时存在，有较高的话题性，为小米塑造全新品牌红米Redmi、发售新品红米Redmi note7、开展限时限量抢购活动等提供海量流量支持。

（3）抖音快闪店可以帮小米对用户数据进行全面搜集与分析，洞察用户需求，实时了解营销活动的具体效果，为活动优化提供有效指导。

（4）抖音快闪店采用线上形式，成本较低、玩法独特，而且可以利用抖音提供的开屏广告、首页推荐等优质资源。

（5）抖音可以利用智能算法筛选平台中的3C爱好者，并借助话题挑战活动、热搜功能等为小米抖音快闪店造势。

（6）抖音快闪店满足了年轻用户追求新奇事物的需求，能够提高年轻用户参与的积极性。

第 14 章

精准投放：抖音品牌广告运营策略

智能投放：抖音的广告投放机制

据业内人士推测，2018年抖音的广告收入超过100亿元。不难看出，广告将成为抖音平台变现的发力点。此外，今日头条强大的广告变现能力也为抖音的商业化进程提供了强有力的支持。

例如，抖音借鉴今日头条“先小规模测试，再大规模投放”的思路，对广告进行智能投放。即先投入少量经费小规模地投放广告，进行测试，根据测试结果确定投放效果最好的人群，然后再进行大规模投放，从而切实提升广告投放效果。

◆广告变现与用户体验的平衡

抖音广告变现要达到的效果就是减少用户对广告的反感，在不影响用户观看体验的情况下实现盈利。为达到这一效果，抖音在广告投放方面采取了以下措施。

（1）广告风格贴合产品属性。

作为一种娱乐型产品，抖音广告也要具备娱乐属性：一方面，根据App Growing发布的报告，在抖音各种类型的广告中，游戏类广告占比最高，而游戏本身就具有娱乐化属性，这一属性与抖音的产品调性相符，所以在抖音平台投放游戏广告可以产生较好的效果。另一方面，在抖音平台，非游戏类广告也要尽量具备娱乐属性，富有创意，让广告投放达到预期效果。

此外，抖音平台的广告都有“广告”字样，如果用户对广告内容不感兴趣，向上滑动就能跳过广告，不会对观看体验造成过多不良影响。

（2）智能化降低推送频次。

如果用户多次对平台推送的广告点击“不感兴趣”按钮，平台就会自动降低广告推送频率。为验证这一点，曾有业内人士做过一项实验，将10名抖音用户平均分成两组，A组为对照组，对平台推送的广告不做任何处理；B组为实验组，对平台推送的广告连续点击“不感兴趣”。一个星期之后，A组用户大概每浏览10条内容就会出现广告，B组用户连续浏览几十条、上百条内容也不会出现广告。

◆提升广告与用户的匹配度

综上所述，未来，抖音平台极有可能将广告作为一条重要的变现渠道。从目前的情况来看，抖音广告还有很大的优化空间。在进一步提升广告与用户的匹配度方面，抖音可采取以下两种措施：

（1）提高对“视频广告内容”的分析能力。

目前，抖音平台支持广告主在投放广告时自主选择广告类型与用户类型，但通过这种方式匹配广告与用户未必能达到最好的效果。如果机器可以读懂视频，用优化图文广告的方式对视频广告进行优化，为广告制作者提供有用的建议，可使广告投放效果得以进一步提升。

（2）创建并丰富用户的“商业化标签”。

用户商业化标签与用户兴趣标签不同，如有的人喜欢宠物，但不一定豢养宠物，也就不一定有购买宠物用品的需求。也许抖音平台已经有了商业化标签，但从使用感受来看，抖音平台的商业化标签还需要进一步优化、提升。

未来，如果抖音能做好上述两点，与抖音平台现有的内容筛选与分发能力相结合，抖音广告就能带给用户更优质的体验，抖音平台也将从广告方面获得更多收入。

广告运营：精准投放的主要形式

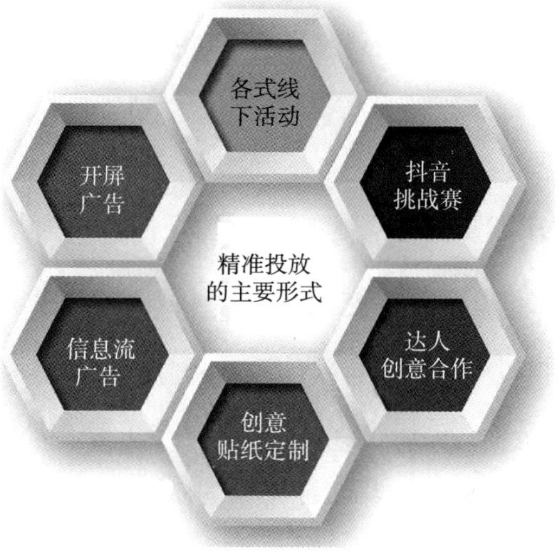

图14–1　精准投放的主要形式

◆开屏广告

开屏广告是移动应用产品的黄金广告位置之一，虽然App普遍为用户提供“跳过”选项，但开屏广告单次展示时间仅有几秒，很多用户不会点击，即便点击“跳过”，广告内容也得到了一定程度的曝光。开屏广告包括静态和动态两种，与前者相比，后者更具观赏性，可以给用户留下更深刻的印象。

因为抖音平台有很多女性用户，所以特别适合美妆品牌进行营销推广。如果美妆品牌购买开屏广告位，通常可以取得很好的传播效果，但开屏广告位成本较高，比较适合那些有足够资金的知名企业使用。

【案例】M.A.C（魅可）“动态唇妆日记”

雅诗兰黛旗下彩妆品牌M.A.C（魅可）利用抖音App开屏广告位推出了“动态唇妆日记”广告，以更生动、更人性化的方式向用户传递了其唇妆产品色彩缤纷、时尚潮流的特性，该广告的点击率达到了12.03%，堪称抖音开屏广告的典范。

【案例】华为P20系列

在一定程度上，静态广告更为聚焦，可以直接展现关键信息，不用担心像动态广告一样因为用户点击跳过而未能向用户呈现关键信息。华为在抖音上为其P20系列手机进行营销推广时就制作了静态开屏广告，该广告重点突出P20系列手机和顶级相机品牌徕卡合作，手机搭配AI徕卡三摄像头，实现“智慧摄像”。同时，页面添加了“点击购买”选项，用户点击后可以进入产品详情页，不用跳出App手动搜索，为促销转化带来了诸多便利。

◆信息流广告

信息流广告结合用户实时关注的内容向其推送相关信息，较为精准，而且利于转化，是目前主流广告形式之一。在抖音上推送信息流广告同样可以取得良好效果，帮助很多产品和品牌赢得年轻用户的支持。

内容原生和用户主动接收信息是信息流广告的两大主要特性。信息流广告的主要目的是获取潜在用户，以软广告为主，不会引发用户反感。同时，信息流广告通过媒体平台的智能系统推荐给用户，给了用户充分的自由选择权，带给用户更好的观看体验。

【案例】苏菲视频广告

苏菲为其卫生巾产品在抖音上投放了“PS篇”“自拍篇”两个短视频信息流广告，因为产品的目标用户是年轻、时尚、注重生活品质的女性用户，与抖音用户有较高的重合度，所以这次广告投放大获成功。

在广告内容制作方面，苏菲投入了大量资源，结合用户日常生活场景对“剪辑魔术师ZachKing”的创意进行微创新，通过剪辑实现了魔术效果，具有较高的趣味性。有的用户在评论区留言表示“这一波广告给满分，我居然还点了‘了解更多’”“看了半天原来是广告”“苏菲还有这种功能”等。广告投放不到2天，评论量就达到了5.7万人次，有近5.6万用户点击了“了解更多”选项。

受行业监管、用户体验、平台利益等多种因素的影响，抖音对信息流广告商品种类进行了限制，今日头条禁止投放的行业也禁止在抖音投放。同时，抖音还禁止投放博彩相关、成人用品、医疗机构、贷款及信用卡业务等多个领域的信息流广告。当然，禁止名单不是固定不变的，企业营销人员要实时关注抖音官方公布的相关资讯，来了解自己的产品是否可以在抖音平台投放信息流广告。

◆创意贴纸定制

抖音开发了创意贴纸定制功能，为企业开展抖音营销提供了新思路。创意贴纸可以看作一种增加视频内容丰富性、趣味性的工具。用户在拍摄短视频时，可以下载创意贴纸对视频人物、背景等进行装饰，如在人脸上加上2D脸部挂件贴纸等。贴纸营销的优势包括以下几点：

（1）广告信息工具化，不易引发用户的抵触情绪，完成更多营销转化。

（2）使用贴纸是用户的主动行为，更容易让用户认可品牌。

（3）用户制作短视频后分享给好友，实现二次传播。

◆达人创意合作

品牌和达人的合作不只存在于抖音平台，而是广泛存在于各大媒体平台。虽然达人拥有规模庞大的粉丝，但品牌在与其合作的过程中要注重创新，以优质内容获取用户支持，不要让粉丝认为是在消费他们的热情。

【案例】张欣尧

张欣尧是一位舞技出众的抖音达人，拥有上千万粉丝，短视频点赞量近亿人次，与佳能、脉动、薇婷、京东、安踏、家乐福等多家知名品牌有过合作。这些品牌通常是将其产品或品牌LOGO植入张欣尧的跳舞视频中，借助后者出色的舞技表演，提高产品和品牌曝光量。

在脉动与张欣尧的合作案例中，脉动联合抖音官方发起了“请开始你最嗨的表演”官方挑战赛，挑战规则为：使用专属音乐《我可能是喝醉了》，在短视频中呈现出喝脉动莫吉托口味饮料前后的反差。在流量达人与抖音官方的支持下，该挑战赛相关短视频累计播放量达12.3亿人次，显著提高了脉动品牌曝光量。

◆抖音挑战赛

挑战赛是广受抖音用户好评的重要模块，为用户、品牌方、平台方等各主体提供了一个互动交流的平台。抖音挑战赛可以在短时间内引发广泛的话题讨论，搭配好玩有趣的玩法及诱人的奖励，可以吸引用户积极参与。

以OPPO推广其“星空紫”系列手机的案例为例，OPPO在抖音上发布了“原来你是酱紫”的主题挑战赛，为了确保赛事的营销效果，OPPO投入了大量资源，例如，充分利用开屏广告、热搜榜、发现页等广告位；定制广告歌曲；与抖音官方合作推出星空紫创意贴纸；邀请11位来自不同领域的KOL助力宣传等。统计数据显示，该挑战赛上线3天时间便吸引12万用户参与，累计播放量达到了7亿人次。

◆各式线下活动

线下活动可以面对面沟通交流，给用户带来更丰富、更完善的活动体验，具有极高的营销价值，只不过投入成本相对较高。

2017年9月，抖音官方举办了“抖音iDOU夜年度狂欢嘉年华”线下活动，并邀请了300多位抖音流量达人为此次活动助阵。国产手机品牌一加作为此次活动的赞助方，其产品和品牌得到了广泛植入，很多抖音达人也特意使用一加手机扩大了品牌曝光量，塑造了一个堪称国产手机品牌营销典范的经典案例。

投放策略：有效提升品牌曝光度

为进一步促进品牌推广，抖音上线品牌主页。此前，在抖音开展的内容运营更偏向于个人化，如今，利用平台的品牌主页，广告主能够进一步发挥自己的内容创作优势，在品牌主页开展系统化的内容营销，提高粉丝黏性，积累自己的忠实用户。

广告主可以将原创推广内容发布到抖音的品牌主页上，或者联手具有一定知名度与影响力的达人进行广告创作与发布，如果内容本身足够优秀，抖音还会帮广告主进行内容推广。如此一来，品牌方就能在抖音平台进行系统化推广，无论是参与抖音的热门话题，还是与达人联手进行内容营销，都能回到品牌主页上。

在利用品牌主页开展内容营销时，应该注意哪些问题？要在什么时间、发布什么内容呢？

◆对的时间

从原生平台的角度来分析，抖音的内容营销应该符合抖音用户的习惯与偏好。品牌方应该在恰当的时间为用户提供能够满足其需求的内容。通常情况下，从早上8点到凌晨1点这段时间内，抖音用户的活跃度较高，有两个活跃高峰，分别出现在中午与晚上。品牌要利用好这两个时间段进行内容输出，提高内容营销的效果。

分析抖音品牌主页的用户变化情况可知，对品牌主来说，要想在抖音平台保持自身的品牌热度，就要持续不断地进行内容发布，促进品牌信息的广泛触达。相较之下，信息的精准性、深入度、高质量等因素的重要性都不及信息发布频率。所以，为了增加品牌主页的粉丝数量，运营人员最好一周发布5条及更多内容。

◆对的内容

运营人员在关注发布时间的同时，也不能忽视内容。

分析品牌主页的内容可知，对用户吸引力较高的品牌主页存在以下特征：

（1）精致的封面；

（2）优秀的文案，符合抖音平台本身的风格；

（3）带有背景音乐；

（4）注重内容的原创性。

部分品牌主会在抖音平台发布电视广告影片，尽管这种广告的画面、内容质量都比较高，但电视广告片的内容叙述方式及风格与抖音存在一定的出入，很多采用这种宣传方式的品牌主页对观众的吸引力都比较低。

抖音会依据自身的分发机制进行内容推送，所以，很多没有经过精心策划的内容反而能在平台的推送下吸引众多用户的目光。另外，品牌方要注重与用户之间的互动交流，通过回复用户评论提高用户黏性。

◆品牌广告的曝光、互动与转化

品牌要如何提高曝光度，做好与用户之间的互动，实现品牌转化呢？

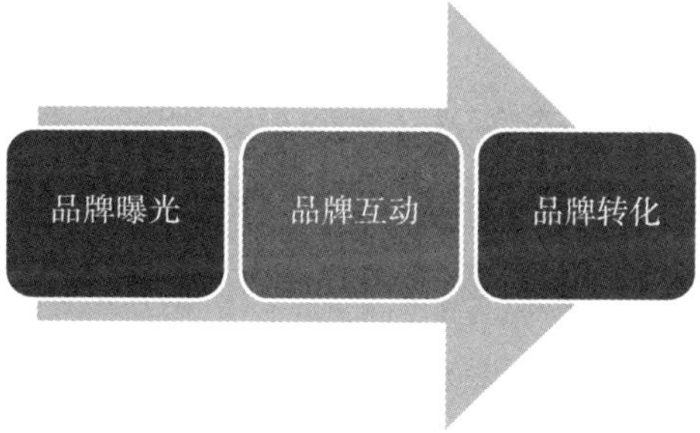

图14–2 品牌广告的转化策略

（1）品牌曝光：在品牌曝光度方面，要发挥平台信息流的价值。抖音每年都会组织嘉年华活动，在活动期间，很多自带流量的明星、抖音达人都会参与，品牌主可以通过赞助这类活动提高自身的曝光度，在扩大品牌信息传播的同时，给观众留下深刻的印象，缩短品牌与用户之间的距离。

（2）品牌互动：品牌方可以通过发起或参与热门挑战赛的方式达到推广目的。利用领先的AR技术或其他潮流化的方式推出活动，同时要积极开展合作，联手与自身风格相似的品牌共同开展内容运营。

（3）品牌转化：要注重对品牌主页的设计，通过与抖音达人合作扩大流量基础，提高品牌转化效果。

有效互动率：优化广告投放效果

随着短视频越发流行，很多品牌都选择入驻短视频平台，开展短视频营销，但短视频营销效果应如何衡量呢？为解决这一问题，抖音推出了“有效互动率”指标，引起了广泛关注。抖音为何此时推出“有效互动率”指标？“有效互动率”是怎样计算出来的？“有效互动率”指标的推出会对行业产生何种影响？

◆抖音为何推出“有效互动率”指标？

对于广告主与广告媒体来说，评估媒体广告的投放效果，衡量媒体广告的价值具有非凡的意义。广告主可以通过这类指标计算每一次媒体广告投放的效果，对所处的行业水平做出准确判断。对于媒体来说，这些指标是媒体经营生态的重要组成部分。只有形成系统、标准、完善的效果评估系统，媒体才能吸引更多广告主前来投放广告。

在短视频领域，广告投放效果需要从三个维度进行衡量，一是互动率，两是视频的点击率，三是视频播放完成度。其中，对于社交媒体来说，互动是最显著的特征，互动率指标是社交媒体衡量广告投放效果的最有价值的依据。

过去，为了方便广告主对广告投放效果进行衡量，抖音为广告主提供了很多互动数据，如点赞数、评论数、转化数等。数据种类多，规模大，广告主要想通过这些数据了解广告互动效果，需要对数据进行深入分析。也就是说，在衡量社交广告投放效果方面，抖音为广告主提供的指标已经比较全面，只有互动效果指标有所缺失。

抖音推出“有效互动率”指标很可能就是为了解决这个问题，整合互动数据，构建一个专业的评估指标体系，为广告主评估广告投放效果提供更为科学的依据，同时为自己接下来的商业产品发展奠定基础。“有效互动率”指标的推出，为抖音原生信息流广告的规模化合作奠定了良好的基础，未来，抖音还有可能推出更多方便品牌与用户互动的产品，如品牌账号等。

◆ “有效互动率指标”是如何计算的？

有效互动率指标的计算公式为

有效互动率=有过广告互动行为的UV/广告曝光UV×100%

其中，有过广告互动行为中的行为包括点赞、转发、评论、关注、查看音乐、进入主页、点击话题等。

通过对“天猫38女王节”原生信息流广告的投放数据进行分析，可以发现抖音有效互动率指标的计算有三大特色：

（1）互动行为和广告曝光都使用UV数据，考虑了参与互动者的比例。

（2）抖音有一些独特的、更能激发用户参与的互动行为，如音乐、挑战赛等，互动行为统计对这些做了充分考虑。

（3）抖音广告效果评估的三大指标——基础指标、互动指标、播放指标相互排斥，不会重复计算。

“有效互动率”独具特色的计算方式符合抖音平台用户的特性，即活跃度高、对平台的黏性高、深度互动等。

一方面，抖音视频竖屏播放，视频内容占据整个屏幕，可以展现更加丰富的信息，聚焦视线，突出重点，让用户沉浸其中，最大限度地吸引用户关注，拉近与用户的距离，让用户自然而然地参与互动，增强用户的参与感。

另一方面，抖音平台具有去中心化、扁平化的特点，传播路径比较简单。抖音上的热门话题通常是用户主动发起的，经过多个兴趣社群的传播，不断吸引用户参与互动，逐渐发酵形成的。所以，抖音短视频可对用户产生更深远的影响，尤其是对垂直领域的小众用户，深度传播效果更好。

品牌营销也是如此。在抖音平台，用户与品牌可以进行深度互动，用户不是围观者，品牌也不是被围观对象。全面竖屏播放在一定程度上拉近了品牌与用户的距离，让两者变得更加亲密，形成浓厚的互动氛围。再加上，品牌可以直接在抖音平台投放原生信息流广告，发起话题挑战赛，与用户交流互动。相较于过去那种用户看到广告，点击广告进入落地页，然后才能参与互动的方式，抖音的转化路径更加靠前，品牌广告传播到用户的整个过程大幅缩短。

所以，抖音的有效互动率计算就是抖音立足于自身优势，将广告对人的影响以及广告与人之间的互动真实地反映了出来。

◆ “有效互动率指标”对行业的价值

对于整个短视频行业来说，抖音推出有效互动率指标有何意义？

从品牌主的角度来看，如果短视频平台建立了清晰、系统、科学的监测制度，可以通过具体的指数将互动、触达、转化等指标反映出来，就能对广告主的广告投放行为、广告预算分配、广告投放偏好进行引导。

另外，对于短视频社交平台来说，抖音推出有效互动率有利于短视频行业统一广告效果衡量标准与方法，完善数据基础设施与标准，拓展行业市场规模。对于社交行业来说，抖音提出有效互动率指标为行业衡量广告投放标准提供了一个新思路，刺激整个行业对广告投放效果的评价方法进行讨论，探索真正科学、有效的评价方法。

总而言之，抖音提出的有效互动率计算是以平台特性为基础进行推导的，在一定程度上反映了平台隐藏的广告价值。对于整个短视频行业来说，对数据隐藏的价值进行分析，将其应用于品牌营销，是一个值得研究与探索的课题。

【案例】达人广告：粉丝经济下的商业变现

相较于其他短视频平台，抖音平台主播的粉丝增长速度更快。近来，越来越多直播平台的主播进入短视频平台，从短视频平台获取很多资源。作为短视频社交软件，抖音运行的就是粉丝经济，只要在视频中植入广告就能轻松变现。

◆【案例】MICHAEL KORS：“城市T台，不服来抖”

MICHAEL KORS与抖音合作发起了“城市T台，不服来抖”的挑战赛，邀请了三位时尚达人——@吴佳煜、@洁哥是女大神呐、@表姐佩戴MICHAEL KORS ACCESS智能腕表及新款MERCER包包，使用抖音专门为MICHAEL KORS定制的贴纸，辅之以独特的转场效果、运镜技巧，向其他用户示范如何“玩转城市T台”。

图14-3 “MICHAEL KORS”抖音企业号

据统计，这三位达人录制的示范短视频的播放量超过500万次，顺利拉开了挑战赛的序幕。同时，PARKLU平台为MICHAEL KORS邀请了12位时尚博主参与此次挑战赛，进一步扩大了挑战赛的影响力，吸引了大批年轻用户关注。挑战赛推出一周，参与挑战赛、自发制作短视频的用户就超过了3万人，短视频播放量超过了2亿次，累计点赞数达到了850万，MICHAEL KORS在中国年轻消费群体中的影响力得以进一步提升。

◆【案例】adidas neo：开启群民运动时尚SHOW

图14-4 “adidas neo”抖音企业号

adidas neo是阿迪达斯专门面向年轻消费群体打造的一个品牌，定位是新时代的年轻人。2018年1月，adidas neo入驻抖音。3月，adidas neo正式与抖音开启品牌主页合作，开始对自己的抖音账号进行精细化运营。运营1个月，adidas neo的抖音账号积累粉丝121万+，视频播放量超过1.5亿次，关注、点赞、评论总和达280万。

adidas neo在抖音平台发起的“时尚起来没玩没了”的主题挑战赛吸引了上万人参与，不仅为品牌积聚了更多粉丝，还发现了更多与品牌调性契合的时尚运动达人。除此之外，adidas neo抖音账号还经常发布各种竖版的视频，这些视频的主角多为迪丽热巴、郑凯，吸引了大量用户与之互动，使明星效应得以充分发挥，使品牌曝光度得以大幅提升。

◆【案例】必胜客：创意线下活动推广

图14-5 “必胜客”抖音挑战赛

为获得更多年轻用户的喜爱，必胜客开通了抖音账号，策划了“dou出黑，才够wow”的主题挑战赛，并邀请知名音乐人宋秉洋制作了主题曲——《Black Magic》。除此之外，必胜客还与抖音合作发起了线下活动，抖音达人“小土豆”与“小安妮大太阳”各率领一支粉丝队伍拍摄创意抖音视频进行比赛，这些视频发布到抖音平台，共获得3万多点赞。“黑DOU必胜之夜”线下活动的影响力不断向线上延伸，辐射范围持续扩展。

◆【案例】答案茶：达人助推，提升品牌曝光率

品牌入驻抖音平台之后，不仅频频发起各种营销活动，还希望通过现有流量使品牌曝光率不断提升，而这一想法的实现离不开达人。

2018年1月初，“90后”女孩秋涵在抖音平台发布了一条短视频。在这条视频里，她对着一杯奶茶提问：“奶茶，你说我除了长得美，还有什么优点没？”然后掀开瓶盖看到了答案：“一无所有”。这条短视频的点播量达到了44.8万，这杯会“占卜”的奶茶迅速在抖音平台走红，还有很多人涌进评论区询问是否可以加盟，而当时，答案茶还没有一间真正意义上的实体店。

次日，秋涵又在抖音平台发布了一条类似的短视频，播放量883万，获得点赞量24万，获得评论5000余条。不久之后，答案茶在郑州万达广场落地第一家门店，吸引了大量消费者购买、品尝。

图14-6 “答案茶”抖音企业号

第 15 章

vivo+抖音：让品牌沟通更酷更时尚

品牌年轻化：精准锁定市场受众

不同的人能够从生活中发现不同的美好。随着移动智能设备普及应用，很多用户，尤其是年轻用户开始用图片、视频等形式记录、展现生活中的美好。在竞争激烈的智能手机市场上，品牌要想脱颖而出，就要把握用户的这一需求，采取有效措施吸引用户，帮助用户发现、记录生活之美。

年轻群体更愿意为高品质的生活付费，从品牌长期发展角度来看，拥有年轻用户的品牌更容易赢得未来。因此，年轻用户是品牌争夺的重要客户群体。但吸引年轻用户并非易事，品牌商需要开发更具吸引力的产品，策划更新鲜有趣的营销活动等。

近年来，vivo利用富有创意的营销玩法赢得了大量年轻用户的支持。抖音平台因拥有海量年轻用户吸引了vivo积极布局。vivo通过发起话题挑战赛、品牌合作活动等精准对接目标受众。例如，在挑战赛方面，vivo发起了“vivo世界杯SWAG”“变出花Young，紫成一派”等话题挑战赛；在品牌合作活动方面，vivo赞助了抖音与浙江卫视联手打造的“抖音美好奇妙夜暨2018浙江卫视秋季盛典”活动等。vivo积极迎合年轻用户，以符合他们互动习惯的语言和形式与其深入沟通，实现了销量和品牌影响力的双提升。

图15-1 “vivo世界杯swag”主题挑战赛

vivo作为国内主流智能手机品牌，定位为年轻消费者群体，在发展过程中积极探索品牌与用户之间的沟通方式。抖音是近两年快速崛起的短视频媒体平台，能够以富有创意的形式展现生活中的美好。这两者之间的碰撞，能否产生新的火花？vivo与抖音携手，会以什么方式创造美好，又会怎样促进品牌推广呢？

抖音平台上的年轻用户利用抖音进行信息搜索、浏览，并将自己拍摄的内容发布到抖音平台，与其他用户分享、互动。越来越多的年轻人将抖音视为重要的社交工具，该平台也成为品牌开展年轻化营销的巨大市场。

年轻用户集中分布的地方就是品牌方的市场开发重点。vivo之所以能够从众多同行中脱颖而出，就是因为该品牌对领先科技保持着敏锐的洞察力，能够对年轻消费者的需求动态进行充分把握。定位于年轻用户群体的vivo一直围绕年轻人的需求进行产品升级，不断推出创意营销方式，对年轻人的喜好进行分析，积极与年轻用户开展有效的沟通与互动，对接年轻消费群体的需求，为其提供优质的娱乐内容及服务。

基于对年轻用户需求的把握，再加上vivo的目标用户与抖音用户高度契合，所以两者在短视频迅速崛起的当下迅速建立了合作。从2018年3月开始，vivo在抖音展开一系列布局，包括开通平台认证官方账号、发起热门挑战赛等，积累了近百万粉丝用户，并通过发布多条内容在抖音平台保持较高的活跃度，吸引大批粉丝观看、评论及点赞，使品牌知名度得以大幅提升。

推广多元化：吸引粉丝用户参与

品牌在抖音平台展开运营的过程中，除利用特定场景调动用户参与内容生产与发布之外，还积极与意见领袖合作，依靠他们的影响力带动用户参与并促成转化。在新品发布期间，vivo在抖音启动的挑战活动都获得了理想的推广效果，体现了抖音在品牌营销方面的巨大价值。

在推出新产品vivoX21魅夜紫时，vivo在抖音上线了一个以“变出花Young，紫成一派”为主题的彩妆挑战赛，联手知名演员周冬雨及多位时尚达人，吸引众多用户参与彩妆技艺大比拼，通过品牌定制贴纸，融合平台的音乐元素，使相关内容成功吸引了大批观众。通过此次挑战赛，vivo收获了16万粉丝，活动视频的播放量达到7亿以上，这次活动也成为2018年上半年抖音平台手机行业的热门挑战活动。

图15-2 vivo抖音主题挑战赛

依靠抖音的强大流量优势，vivo开发出多元化的品牌推广方式。抖音平台上线的品牌定制手势舞“这就是我的logo”，有效促进了vivo新品LOGOPHONE的推广。

（1）从道具方面来看，vivo联合抖音推出3D动态贴纸，开辟了手机行业抖音营销的新形式，同时结合时下流行的手势舞，展现年轻的时尚观念，实现品牌理念的有效传递。

（2）从音乐方面来看，vivo与热播音乐节目《中国新说唱》达成合作关系，联手知名艺人ice和刘柏辛打造品牌专属音乐，将品牌对时尚潮流的追逐融入歌词与演绎方式中，激发年轻用户的认同感，将他们对时尚潮流的追逐与品牌理念打通。

（3）在明星推广方面，vivo邀请当红偶像蔡徐坤入驻抖音平台，发挥明星对粉丝的带动作用，并与抖音达人杨恒瑞、刘宇等合作，进一步促进相关话题内容的传播。在活动期间，vivo仅用7天时间就打破手机行业的历史数据，活动观看次数突破16.8亿，品牌粉丝数量增加了23万，互动数量达千万级。

在活动期间，首先由明星达人吸引粉丝参与，然后带动大众用户参与。在这个过程中，品牌在用户群体中建立起良好的形象。明星达人的推荐能够有效提高用户黏性，帮助品牌实现粉丝的积累。通过与抖音合作进行品牌推广，vivo能够在长时间内开展精准的内容营销，加深用户对品牌的印象。

内容娱乐化：年轻化的品牌沟通

品牌方只有把握年轻用户的娱乐需求，营造符合其偏好的娱乐氛围，选择年轻人喜欢的互动方式与其沟通，才能获得他们的认可。2018年10月，“抖音美好奇妙夜暨2018浙江卫视秋季盛典”活动以直播方式亮相浙江卫视，这是抖音与浙江卫视合作推出的大型娱乐活动，彰显了站在时尚潮流先锋的抖音能够以新颖的方式、尖端的科技为年轻人的生活增添更多美好的体验。

在产品推广过程中，vivo一直比较突出手机的拍照功能，无论是“照亮你的美”还是“发现更多美”，都致力于帮助年轻用户发现生活之美。抖音的目标群体同样以年轻人为主，也以发现美、传递美、分享美为理念，两者的结合能够为用户呈现更加丰富多彩的内容。

“抖音美好奇妙夜暨2018浙江卫视秋季盛典”邀请知名主持人华少、当红演员熊梓淇助阵，在抖音发布互动内容，并使用vivo手机的强大拍照功能进行记录，展现活动的精彩瞬间。不仅如此，为了提升用户体验，vivo还配合活动推出了时尚、新颖的活动游戏，分享用户的拍照技巧，以富有创意的方式实现了品牌理念的有效传达。

这场由网络平台与电视台合作推出的大型娱乐活动，邀请了20多位当红明星与抖音KOL参与，吸引了大批用户观看。除浙江卫视与抖音之外，今日头条、火山小视频、西瓜视频，以及拥有庞大用户基础的搜狐、优酷也加入到传播队伍中，将活动曝光量提高到280亿。活动当晚，浙江卫视以1.266%的收视率登上榜首，与此同时，该节目还拿下了卫视台自制晚会最高收视率的成绩，通过网络渠道收看节目的观众超过6356万人次，其影响力可见一斑。

vivo借助此次活动实现了强有力的品牌推广，建立起良好的品牌形象，充分发挥口碑传播效应。除获取更多的年轻用户之外，vivo还通过该活动提高了品牌曝光度，在活动期间与用户进行双向沟通与互动，抢占用户心智，使自己的产品成为用户首选。

在与抖音合作的过程中，无论是早期的蓝V认证，还是后来在抖音发起热门挑战活动、举办大型娱乐活动，vivo都在传播中实现品牌价值的提升。当品牌营销越来越趋向于精准化时，简单的内容生产与输出已无法吸引用户的目光。vivo通过联手抖音，不仅丰富了内容形式，也在交互过程中拉近了与用户之间的情感距离，在抖音平台实现了高黏度的粉丝积累。

vivo会在抖音平台推出很多活动，在参与活动的过程中，用户不仅是品牌及产品的消费者，更是品牌建设的参与者。通过发起热门挑战活动，vivo提高了用户的参与感，让他们认可品牌的价值观。通过联合浙江卫视举办大型娱乐活动，vivo扩大了品牌的覆盖范围，提高了品牌知名度与影响力。通过与抖音合作开展内容运营，vivo为其他同类企业利用新思路进行品牌推广做出了有益示范。

Part 5

落地应用篇

第16章

抖音+电商：开启社交电商2.0时代

抖音电商：探索社交电商新模式

2018年6月，抖音开始进行购物车功能内测（首批开放了100个账号）。仅半年的时间，就有6万多个抖音账号开通了购物车功能，为抖音积累数据、优化功能、打通生态等提供了诸多便利。2018年12月11日，抖音宣布正式开放购物车功能，规定通过实名认证、发布短视频数量超过10个、粉丝量超过8000名的账号可以申请开通购物车功能。

缩短用户购买路径，应该是内容平台的永恒追求，也是内容平台增强自身变现能力和市场竞争力的关键所在。抖音购物车功能就是抖音在缩短用户购买路径方面所做的有益尝试。其实，抖音购物车就是一种服务于优质内容创作者的变现工具，具有“商品橱窗”“视频购物车”“直播购物车”三大功能，可以让满足上述要求的抖音账号以短视频的形式将粉丝引流至电商（目前仅支持淘宝、天猫）购买页面，使具备较高流量的抖音达人、企业蓝V账号实现高效转化。

当然，要想通过抖音购物车将粉丝引流至电商购买页面并完成转化，需要抖音达人或企业蓝V账号运营人员在洞察用户需求的前提下，提供更具有趣味性、互动性的个性化内容，让用户获得良好观看体验的同时自发地按需购买。

近年来，随着流量成本持续提升，竞争日趋白热化，淘宝、天猫、京东等电商平台的中小卖家生存状况堪忧。在这些中心化的传统电商平台中，商家想要触及目标用户，必须投入大量成本购买平台提供的开屏广告、直通车活动等增值服务，而中小卖家因资源匮乏无力承担过高的推广成本。

抖音布局社交电商有望打破这一局面，草根卖家按照基于目标用户画像制定的营销内容进行定向投放，也能以较低的成本获得较大的曝光量。目前，很多线下店铺已经开始这方面的尝试，并取得了颇为良好的效果。

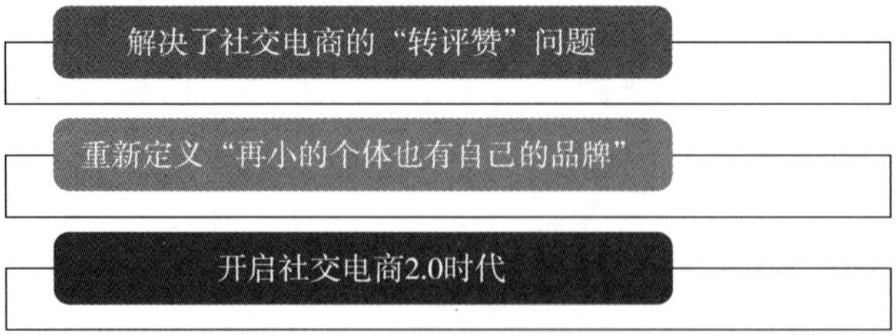

图16-1　抖音社交电商模式的创新

◆解决了社交电商的“转评赞”问题

电商平台转型社交电商的玩法非常多。近年来，淘宝在不断完善平台内容，增强平台的社交属性，虽然目前尚未取得很好的效果，但已经做好了打攻坚战的准备。电商平台转型社交电商遭受较大阻力的因素是多方面的，如社交基因缺失、运营力不足等，但最根本的一点是它们和用户难以建立强有力的互动关系。

用户使用电商平台的目的与购物有关，不是为了拓展社交关系，他们选到合适的商品，下单购买后就会离开。抖音则并非如此，抖音上的广告以软广告为主，本身就是可供用户消费的内容，很容易吸引用户点赞、评论及转发。

例如，某抖音达人分享了某款产品的定制广告短视频，其粉丝在使用抖音时看到了这条短视频，受视频内容刺激产生购买意愿。之后，部分粉丝可能直接购买，部分粉丝可能先了解商品评论后再购买。无论如何，这种体验都是传统电商平台无法提供的。

◆重新定义“再小的个体也有自己的品牌”

此前，微信公众号提出了“再小的个体也有自己的品牌”的口号。在红利期，微信公众号确实帮助很多个体和组织打造了属于自身的品牌。但现阶段，微信公众号的流量红利已经消失，用户在线时长明显下滑，打开率不断降低，个体想要通过微信公众号打造品牌已经变得比较困难。

抖音是这一口号的继承者与发扬者，去中心化的智能算法给草根用户打造个人品牌、完成流量变现带来了可能。很多用户开通抖音号的初衷并非获取经济利益，而是自我表达与满足，他们希望通过抖音这个平台认识到更多的朋友，获得更多的快乐。一段时间后，他们逐渐成为某个小众领域中具有较强影响力的意见领袖，打造出了个人品牌，接下来的流量变现就变成了一件很自然的事情。

◆开启社交电商2.0时代

抖音作为一个亿级用户平台，为那些拥有品牌的个体与组织开展商业变现提供了广阔的空间，其造富能力不亚于当初的微博和微信公众号。

如果我们将由朋友圈衍生出来的微商、社交拼团等玩法称为“社交电商1.0”，那么，围绕短视频社交平台抖音探索社交电商的玩法则可以称为“社交电商2.0”。这并非简单地传播技术、传播方式的革新，而是商业模式的升级。

从表面上看，15秒的短视频内容简短、轻巧，但它对内容的感染力、传播力，以及营销人员的运营力提出了更高的要求。未来，随着越来越多的抖音达人和品牌利用社交电商完成流量变现，将会吸引更多的创业者、企业及资本方入局，为抖音社交电商的蓬勃发展提供巨大推力。

逻辑战略：电商布局背后的野心

◆开辟抖音流量变现新渠道

事实上，早在2018年3月，抖音便为平台上的商品添加了淘宝链接。此前，抖音的变现方式主要是开屏广告、信息流广告、品牌挑战赛、KOL营销等，并没有电商变现方式。

其中，KOL营销的潜在价值得到了相关从业者的高度评价，但它能为抖音创造的价值相对有限。主流的KOL营销玩法是由自带流量的KOL以形象代言、互动贴纸、视频贴片、冠名口播等方式对品牌进行推广，或直接将流量导流至购物页面。这种方式存在一个明显的短板，即用户观看短视频过程中产生购物需求后，需要跳出观看页面前往App搜索相关商品。不流畅的购物流程抑制了用户的购买冲动，大量用户因为不愿意浪费时间而放弃购买。

与此同时，一部分KOL营销是KOL团队自行和品牌合作发起的，抖音未能参与其中，自然也无法从中获得收益。在为商品添加淘宝链接后，不仅可以让商家达成更多交易，抖音也能从中获利。

◆抖音“同城”：拓展生活服务领域

根据App Growing提供的报告，目前，抖音平台的大部分流量都流向了天猫与淘宝两大平台。为进一步拓展获利空间，抖音上线了“同城”板块，并在该板块下划分出了美食、美景、玩乐等小板块，试图向生活服务领域拓展。从现有的条件看，抖音的这一尝试极有可能成功。

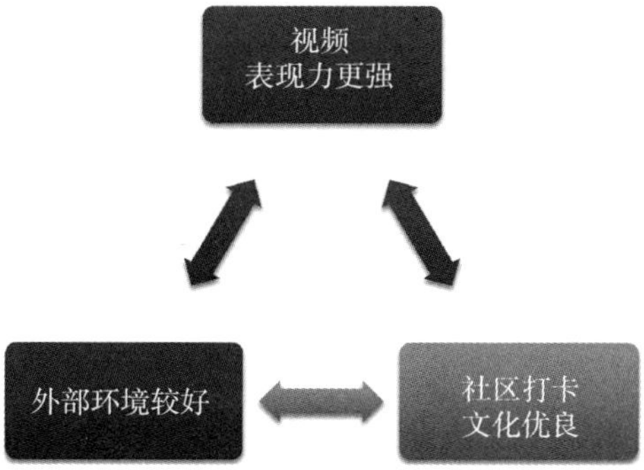

图16-2 抖音：“同城”功能的优势

（1）视频表现力更强：大众点评虽也向用户推送美食、美景、玩乐等信息，但都是以图文的形式推送。相较于图文，视频推送更容易引发用户的情感共鸣，刺激用户产生消费冲动。

（2）社区打卡文化优良：抖音平台有很多“打卡”视频与评论。例如，某内容生产者发布了一条某个奶茶店的短视频，对某款奶茶极尽推崇，让观看者垂涎欲滴，吸引了很多用户前去寻找这家奶茶店，进行消费，并在抖音平台发布“打卡”视频。那些同样对该奶茶店有兴趣，但没有条件前去消费的用户就会为这些视频点赞。为了鼓励这种氛围，让生活服务分发更好地落地，抖音上线了为用户推荐自己附近的“网红店”的功能。

（3）外部环境较好：过去，人们出门寻找餐厅、美食、旅游地会不自觉地打开大众点评，但现在，大众点评的营销氛围越发浓厚，公信力不断下降，为抖音向生活服务领域延伸创造了一个良机。

综上所述，以规模庞大、活跃度高的用户群体为依托，通过直接为商家导流形成生活服务分发能力，很有可能成为抖音另一条变现路径。但要与各个商家对接，做好生活服务分发，抖音还有很多工作要做。

★抖音的生活服务分发要想具备“公信力”，就必须在前期做好人力资源挖掘，包括挖掘优质的商家资源、实地探查与审核等。在这方面，征集“特色”商家是一个不错的方法，因为采用这种方法，一方面，抖音无须与大众点评在“大众商家”维度进行竞争；另一方面，“特色”更契合抖音用户的需求。

★抖音要推动相应的功能不断升级，除“评分”外，打卡、热度及“视频集”等功能都要升级，以便帮用户筛选出优质商家。

★对变现节奏进行合理控制，使公信力与商业化达到平衡，从而实现稳定发展。

◆孵化电商平台

对于电商业务，抖音自然不甘心做单纯的流量输送者，而是想要打造一个自有电商平台。与其他电商相比，抖音存在一定的独特优势。例如，抖音日活跃用户已超过2亿人，在用户使用时长方面也是业内领军者。

亿级用户与较高的用户忠实度是抖音的显著优势，而且抖音主流用户群体和电商主力军相契合。抖音主流用户群体是24～30岁用户，占比达40%以上[①]。这些用户热衷于尝试新鲜事物，而且已经形成了电商购物习惯。在抖音海量用户中，一线、二线城市用户占比为45.3%，收入超过千元的用户超出快手10%[②]，为抖音获得较高的营收奠定了良好基础。

此外，传统电商卖家营销以图文为主，视频内容相对有限，而且内容缺乏趣味性，大多是对产品材质、功能的介绍。抖音采用“音乐+短视频”的玩法，与特定的场景相结合，更容易引发用户情感共鸣，在确保用户体验的同时，提高转化效果。例如，小猪佩奇手表、兔子帽等产品借助抖音的传播推广成为全网爆款。因为需求集中爆发，多家电商平台的小猪佩奇手表断货。

抖音电商在2018年“双12”大促中的表现颇为惊艳。统计数据显示，2018年“双12”当天，抖音为淘宝和天猫贡献了超过120万单订单。抖音

---

① 数据来源：抖音官方。

② 数据来源：国信证券经济研究所。

市集活动累计曝光量超过12亿人次，有上百万人参与了这项活动。

智能推荐：刺激用户的购买欲望

抖音试水电商之所以能取得不错的效果，其中一个很重要的原因在于人工智能推荐系统。该系统可以通过数据搜集与分析描绘用户画像，找到用户的兴趣爱好与观看习惯等，在此基础上建立用户偏好档案。与此同时，该系统还可以利用自然语言处理、图像识别、语音识别等技术，对短视频内容进行分析，提取其中的关键词，为每条短视频贴上标签。

在此基础上，抖音人工智能推荐系统根据用户偏好档案和短视频标签进行匹配，建立推送模型，实现“千人千面”的精准推送。更关键的是，随着用户数据不断积累，推送模型越发完善，精准度逐步提升，有效延长了用户在平台上的停留时间。也就是说，抖音人工智能推荐系统在推送内容时，关注点是用户是否对内容感兴趣，而不是将用户关注的达人作为主推点。但目前，抖音平台上的店铺以达人店铺为主，对达人经济有较强依赖。在探索达人电商等达人经济玩法方面，微博堪称典范，它能帮助达人建立个人IP。用户关注达人后，达人只要更新状态，相关内容就会自动呈现在粉丝微博首页。这使粉丝和达人的互动交流更加方便，达人推送的营销内容也更容易完成转化。

与此同时，抖音用户感兴趣的内容较为集中，关注度前五名分别为：网络服务、食品饮料、美妆、电子数码、汽车，这些行业的产品通过电商渠道销售未必都能达到预期的效果。对抖音平台打造的爆款商品进行分析不难发现，这些商品往往是“新潮”“酷炫”的商品，淘宝平台热销的抖音同款商品都是新奇、猎奇类商品。

此外，抖音在刺激用户主动购买方面还需要有所创新。目前，抖音促使用户购买商品的逻辑是，让用户因短视频内容产生购买冲动。也就是说，用户在消费之前并没有明确的购买目的。因为在有明确的购买目的时，用户往往会选择淘宝、天猫、京东等专业的电商平台，很少会想到去抖音上购买某种商品。

当然，抖音布局电商的做法并非为了追求短期利益，而是一种出于长期发展的战略选择。电商变现是内容平台未来的主流变现方式之一，但抖音目前的电商变现对淘宝过度依赖，无论抖音营销做得如何出色，都要借助淘宝完成消费闭环。但对于淘宝来说，广告收入是其重要的利润来源，在其布局中，抖音就是一个新流量入口。

随着抖音进一步发展，它可能会对淘宝的广告业务造成一定的冲击。如果淘宝认为抖音对用户的控制力过强，会威胁其地位时，双方之间的合作关系可能会破裂。届时，淘宝会像封杀蘑菇街、美丽说一样封杀抖音。身处激烈变革的移动互联网时代，抖音不得不考虑这一点。

此外，淘宝为了增强自身的生命力，正在积极补足内容板块，已增加了直播、短视频功能。与此同时，2018年9月11日，淘宝上线了短视频App鹿刻，其定位为生活消费类短视频社区，鼓励用户分享购物时的美好瞬间。因此，就算抖音不做电商，淘宝也可能与之形成竞争关系，与其消极被动地将命运交给未知，不如主动出击自主孵化电商平台。

内容电商：实现内容的流量转化

在跨界融合成为常态的背景下，移动互联网产品的边界变得越发模糊。和几年前相比，移动互联网流量格局已经发生了较大变化，最突出的一点就是头条系的崛起。今日头条孵化的抖音、西瓜视频及火山小视频三款短视频产品，为其贡献了庞大的流量，特别是抖音的成长，更是让腾讯、阿里等互联网巨头感到非常担忧。

在布局社交电商方面，阿里的玩法是抢占更多流量，如入股小红书、投资分众传媒等；腾讯的玩法是促进流量变现，投资拼多多就是典型代表。虽然二者的玩法存在一定差异，但其逻辑都是吸引更多用户，提高营销转化。

得益于大数据、人工智能等新一代信息技术的发展，电商平台向目标用户定制推荐有了落地的可能。在此背景下，内容电商又将走向何方？想要找到这一问题的答案，需要解构电商场景，明确内容在内容电商中的定位。

通常情况下，完善的电商消费场景由三要素构成：一是用户需求；二是用户对产品的信任感；三是方便快捷的购买路径。

首先是用户需求因素，人们的日常购买行为包括三大类：

★有明确目的的购物；

★有模糊目的的购物；

★无目的性购物。

当然，这三种购物行为在线上和线下的表现可能存在一定差异。

表16–1 人们购买行为的主要类型

购物行为	线上	线下
有明确目的的购物	在电商渠道中搜索购买	前往品牌店或大卖场购买
有模糊目的的购物	在电商渠道中分析其他用户评论，多卖家同款商品对比等最终制定购买决策	在卖场销售人员或同行伙伴的帮助下制定购买决策
无目的性购物	用户在内容社区中和其他用户交流分享，后者根据其专业知识、实际体验等帮助前者制定购买决策	在购物中心、大型商场等产品品类丰富、配套功能完善的大型零食实体中边逛边买

事实上，零售企业之所以积极打造购物中心，很大程度上是因为购物中心提供的服务和体验可以满足持续升级的消费需求。在“80后”“90后”渐成新一代消费主体的背景下，想要刺激更多的用户购买，仅单纯地提供商品是远远不够的。

上述三种购物行为的出现是商品经济发展的必然结果。随着人们购买力持续提升，以及消费观念的转变，人们在购物过程中希望获得更多优质服务和体验。而抖音作为一个内容平台，丰富多元的优质内容可以满足用户体验需求，解决传统电商体验缺失问题。

其次，内容在内容电商中的定位。从本质上看，在内容电商中，内容除承担基本的商品信息展示功能外，还具有引流、增强信任感、辅助用户制定消费决策等方面的功能。结合抖音进行具体分析：

（1）抖音号运营人员可以通过推送好玩有趣的短视频吸引更多用户，为留存转化奠定良好的基础。

（2）抖音以短视频形式呈现内容，可以在单位时间内向用户呈现更丰富、更具真实感的信息，消除用户对线上商品的不信任。

（3）抖音号运营人员通过在短视频内容中提供专业知识、激发用户关联记忆等方式，可以帮用户制定更科学合理的购物决策。

抖音入局电商虽然颇为低调，但外界仍对此保持高度关注，毕竟其海量流量有可能引发行业的连锁反应。内容电商的广阔发展前景，吸引了创业者、内容平台、电商平台、传统零售企业等各路玩家积极布局。

以内容平台为例，除抖音外，豆瓣App下方菜单栏将“小组”更换为“市集”；蘑菇街在首页信息流内容中开始向用户推送更多的专业编辑和红人社区内容。当然，不同玩家的玩法存在一定差异。淘宝通过信息流内容向目标用户推送丰富多元的商品；蘑菇街向用户推送平台自制内容的同时，也推送红人制作的优质内容。

以抖音为代表的内容平台布局电商切入内容电商，和以淘宝为代表的电商平台完善内容板块切入内容电商，二者背后体现了内容电商行业的哪些变化？未来的内容电商行业又将呈现出怎样的发展趋势呢？

下面从两个视角对这一问题进行分析，首先是抖音等内容平台布局电商。从内容平台视角来看，布局电商为其流量变现提供了更多可能，用户群体将进一步扩大、商品品类将得以拓展、增值服务将越发多元化等。在该玩法中，内容如同化学反应中的催化剂一样，使电商转化效率得以显著提升。

以抖音为例，抖音平台上的年轻用户热衷于分享自己日常生活中遇到的新奇有趣的商品。随着越来越多的企业入驻抖音，将抖音视为重要的营销渠道，抖音平台上的商品将越发丰富。同时，抖音可以为品牌商提供开屏广告、信息流广告、抖音贴纸等多种增值服务等。

其次，从电商平台发力内容电商方面来看，这种玩法体现出行业变化和行业未来的发展趋势，具体包括以下三点。

（1）体验和服务受到更多重视。

在工业时代，传统零售企业运营推广的重点是借助报纸、杂志、电视等垄断性传统媒体扩大品牌知名度，实现更大规模的销售。而在体验经济时代，回归用户价值成为主流趋势，增强内容力、与用户在购物流程全触点建立连接关系是企业的必然选择。

淘宝等电商平台通过补足内容板块，增强平台的互动性、社交性、趣味性，可以有效满足用户体验需求。目前，越来越多的零售企业致力于让用户在购物全流程中享受完善的购物体验，不只是重视交易购买。

（2）消费日益个性化、多元化的消费需求。

目前，个性化消费迎来快速发展期，依托优质内容为电商平台带来的较高流量，后者可应用大数据、人工智能等技术，向用户定制推送个性化、多元化的商品。更关键的是，电商平台可利用用户消费内容时积累的数据分析其潜在需求，为物流服务商、上游供应商等提供科学指导，增强产业链的价值创造能力。

（3）品牌管理被提升到了全新的高度。

在内容电商模式中，平台会引导用户根据自身的兴趣和品位，利用平台提供的工具生产个性化的UGC内容。在这个过程中，用户会从不同视角对产品、品牌等进行展示，使品牌风格日趋多元化、内涵日益丰富化，这对品牌管理人员提出了更高的挑战。如何在满足用户传播需求的同时，确保品牌调性，保证人格化形象的稳定性，保护好品牌资产，是品牌管理人员亟须解决的问题。

第 17 章

抖音+餐饮：引爆门店流量的策略

哪些餐饮品牌不适合抖音营销

目前，传统营销方式对消费者的吸引力不断下降，传统餐饮店要想实现可持续发展，必须提高核心竞争力。过去，大部分传统餐饮店围绕产品开展运营，由于缺乏差异化的产品而陷入激烈的市场竞争，在发展到一定阶段后遭遇瓶颈。而且传统餐饮店多采用大众传播的方式进行推广，即便在经营过程中投入很多精力，也难以实现粉丝的积累。另外，近年来迅速发展的外卖平台抢走了很多用户流量，传统餐饮店因空间限制陷入发展困境。

抖音平台的崛起为餐饮业的发展带来更多机遇。很多原本默默无闻的品牌和产品在抖音平台上走红，部分餐饮店还推出了抖音账号，希望通过抖音获得更好的发展。抖音凭借低成本、高转化、传播广的优势受到很多餐饮店的追捧，其主要原因在于抖音将短视频与社交媒体融为一体，能够帮助餐饮店对用户群体进行精细化管理，使其达到盈利目的。

抖音营销能够提高餐饮品牌曝光度的原因是什么？主要是因为短视频不仅能呈现内容，还能促进品牌与用户之间的互动。商家要想充分发挥短视频营销的价值，就要了解其具体的运营方式。

年轻用户倾向于选择新鲜有趣的事物，为了吸引他们注意，抖音应根据时下的流行趋势推出具有娱乐化特征的内容。如今的餐饮店经营不仅面临着线下同行的竞争，还要应对线上的流量争夺。在线上内容营销方面，谁能在短时间内吸引用户，谁就能在竞争中占据优势地位。

◆抓眼球的抖音视频都长什么样?

（1）具备足够的审美价值：视频呈现出来的产品、环境、主播面貌等都应该符合目标受众的审美需求，能够带给他们视觉冲击，促使他们加入传播队伍。

（2）互动性高，足以吸引用户参与。那些趣味性强、娱乐性特征明显的内容更容易受到用户的追捧。这些内容能够在短时间内实现大范围传播，能够帮助商家达到转化目的。在网络平台，商家要通过开展内容运营占据流量优势。

在新产品、新业态发展过程中，品牌营销发挥着重要作用。在具体运营过程中，商家要采用具备新鲜感、娱乐化及个性化的营销方式，保证产品具有独特性，以趣味性、娱乐性、视觉冲击强的内容打动用户。

◆哪些餐饮品牌不适合做抖音推广

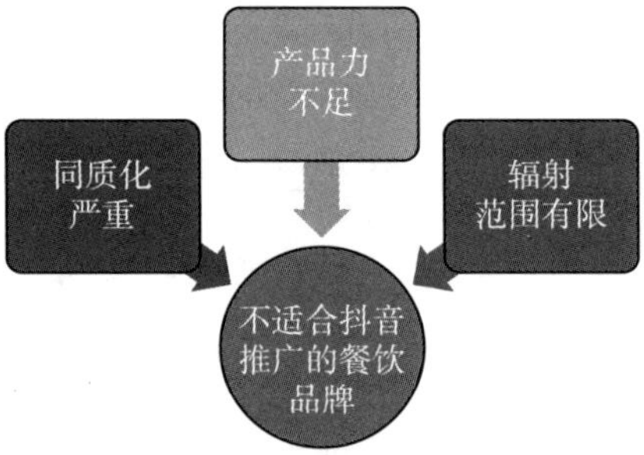

图17-1　不适合抖音推广的餐饮品牌

（1）同质化严重：例如，某家餐饮店主营小龙虾，为了吸引更多顾客，与知名达人合作在抖音上发布了趣味短视频，很多观众被吸引到店后，却发现这家店的小龙虾与其他店没什么差别，对该店的兴趣会迅速消失。

（2）产品力不足：例如，网红奶茶品牌——喜茶之所以能在长时间内保持较高的热度，就是因为该品牌注重创新。尽管品牌每年研发的新产品数量很多，但最终只选出一小部分推向市场，从产品方面入手聚焦用户的注意力。

（3）辐射范围有限：对于坐落在距离商业区较远的门店，只有其产品拥有足够的吸引力，才能吸引远处的消费者前来。根据数据统计结果，实体门店的辐射范围为其所在地3千米之内。也就是说，如果用户距离门店的距离超出3千米，即便在抖音平台被相关视频吸引，也很可能因为距离原因放弃前往。

餐饮店应该围绕自己的品牌开展有效的营销活动。在很多情况下，抖音的价值更多地在于进一步提高品牌对用户的吸引力。在具体实施过程中，餐饮店要注重提高顾客的复购率，不能只做一次性生意。

内容：餐饮品牌的内容创作技巧

随着抖音用户不断增多，越来越多的商家进军抖音营销，通过在抖音平台吸引用户参与话题讨论、与用户开展互动等方式完成品牌推广目标，获得可观的收益。

很多餐饮店的经营者也在抖音营销领域展开了布局。例如，海底捞通过抖音走红后，推出了抖音套餐。很多在抖音走红的奶茶店将线上流量导入线下，同样达到了品牌推广的目的。这种营销方式不仅符合当前的流行趋势，还能吸引目标消费者前来体验，扩大门店的品牌覆盖范围，为餐饮店提供新的发展思路。

餐饮企业要想抓住抖音爆红的时机，就要对其运营本质进行深入分析。用户选择抖音的根本原因是这个平台非常适合打发时间。随着生活节奏、工作节奏不断加快，年轻人承担的压力越来越大，亟须寻找能够舒缓压力、放松身心的渠道。抖音上涌现出来的好玩、有趣的内容为其提供了有效的解决方案。

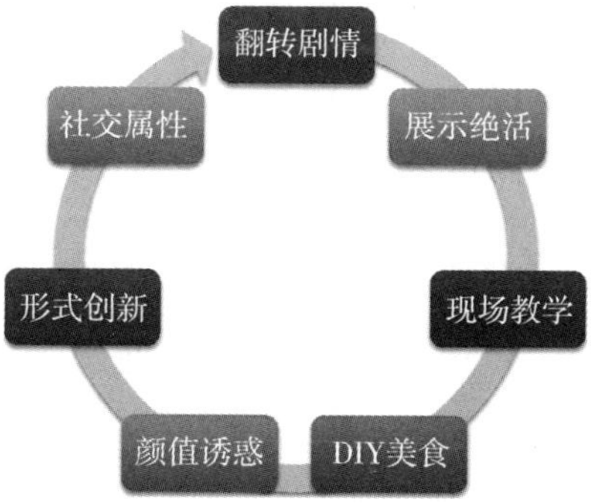

图17-2 餐饮品牌的内容创作技巧

（1）翻转剧情：故事的发展方向超出人们的预期。举例来说，迎面走来的服务员端来一大盘诱人的美食，却是隔壁桌的客人点的。有顾客到前台点了许多花样别出的菜式，被服务员告知本店菜单不包含这些菜式后，最终只点了花生米。

（2）展示绝活：如果餐饮店的厨师身怀绝技，也可作为抖音营销打造的重点内容，海底捞师傅的特色舞面技术就是这方面的典型代表。还有一些厨师拥有一流的刀工，或者在拼装果盘时能够将水果摆出独特的造型，都可作为短视频营销的主打内容。

（3）现场教学：美食教学是最流行的现场教学方式，即餐饮店的老板或厨师在短视频中向观众展示菜品制作方法，让观众通过观看视频学习烹饪知识。

（4）DIY美食：为了加强与顾客的互动，不少餐厅推出了美食自助区与DIY美食区，有些饺子店开辟了自助包饺子区，蛋糕店推出自助烘焙区等，让生活在城市中的年轻人也可以亲自下厨体验美食制作过程。参与这类活动的年轻人，通常会选择用抖音短视频记录自己的体验过程。

（5）颜值诱惑：餐饮店要凭借菜品的口感将消费者变成自己的回头客，并从审美层面吸引消费者到平台进行内容分享。例如，设计新颖的餐具、别出心裁的色彩搭配、独有的摆盘方式等，都能激发消费者在抖音进行内容分享的欲望。

（6）形式创新：为了促使顾客进行内容分享，餐饮从业者要讲述美食背后的故事，传达自己的态度与价值理念。通过满足消费者的体验需求，使其产生情感共鸣，进而达到自身的营销目的。

（7）社交属性：让产品具备社交功能。对于那些羞于表达的人来说，这类产品能很好地满足其需求。如在杯盖下藏有定制文案的表白茶，通过碗底的文字传达情感的桃园眷村，还有采用类似方式的麦当劳等。餐饮从业者也可以让自己的产品具备社交功能，通过这种方式促进自身品牌的传播。

运营：低成本、高曝光的实战攻略

餐饮店邀请知名达人推广产品需要投入大量资金。相比之下，通过推出具有足够影响力的菜品，吸引达人主动进行宣传的方式更为有效。例如，海底捞最初就是通过顾客自发上传的短视频在抖音走红的。那么，对于餐饮品牌来说，如何借助抖音开展低成本、高曝光率的运营活动呢？

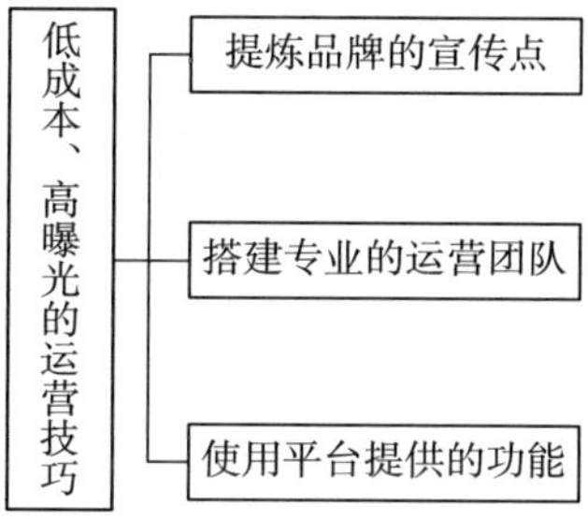

图17-3 低成本、高曝光的运营技巧

◆提炼品牌的宣传点

餐饮店要想提高自身的品牌曝光度，就应该突出表现自身优势，例如，主打绿色优势，让顾客知晓食材产地；主打实惠优势，为顾客提供足够分量的菜品等，只有这样才能得到顾客的认同。

举例来说，多数餐饮店是由服务员从厨房端出已经做好的成品。某家餐饮店为了让顾客知晓自家店的菜品用了足够的食材，让厨师端着半成品到顾客面前，现场完成部分制作。这种短视频上传到抖音之后会吸引很多用户观看。

◆搭建专业的运营团队

很多原本知名度不高的品牌会在抖音走红，因为抖音的内容运营门槛较低，维护难度也不高，其营销活动可由用户独自完成。

举例来说，有些餐饮人将自己制作菜品的过程拍成短视频发布到抖音平台，会吸引很多用户观看、点赞、评论、转发。在这方面，餐饮店可以将抖音运营工作交给专人负责，也可以在内部开展良性竞争，让各个部门都开发相关的运营项目，为营销效果最好的部门提供奖励。

◆使用平台提供的功能

品牌应该充分利用短视频平台提供的功能。如抖音推出的POI功能，能够让餐饮店经营者在发布视频时添加POI定位信息，方便用户在观看视频时利用这个功能查询店家的详细信息，如门店所在位置、产品内容等，进而到店内消费。

除POI功能之外，抖音平台还推出了包括购物车、卡券、DOU+在内的许多功能。餐饮店可根据自身需求及产品特点，合理利用这些功能来提高产品的转化效率。

◆抖音运营需要避免的误区

不少原本默默无闻的餐饮小品牌在抖音上提高了知名度，这使得许多餐饮店的经营者对抖音营销充满了期待，又担心自己在实践过程中会遇到风险。那么，开展抖音营销需要避免哪些风险？

图17-4 抖音运营需要避免的误区

（1）没有持续的消费价值。

如果产品在前期打磨得不够充分便通过抖音营销走红，后期就会因为没有持续的消费价值失去用户的关注。例如，在抖音上迅速走红的泡面小食堂几个月之后就退出了市场，热度迅速下跌。

通过分析可知，泡面食堂并没有自己独有的产品，其产品价格远远超出了电商平台的同类产品，而且产品本身存在质量问题，不少消费者在体验过后纷纷表示不满。这样的经营无法为消费者提供等值服务，产品溢价更无从谈起。

（2）运营能力不匹配。

通过营销迅速走红的品牌能够在短时间内实现大范围覆盖，但其具体经营发展则需要供应链、店铺运营、员工管理等多方面的支持，如果门店不能进行有效的资源整合，就可能在资金流转方面出现问题。采用加盟方式进行扩张的品牌，还可能在品牌风格保持、服务提供方面出现问题。

很多餐饮店虽然能够吸引用户注意，却无法实现粉丝用户积累。一些在线上平台走红的门店忽视了供应链及运营方面的问题，将大部分精力放在营销环节，也无法充分体现自身优势。

（3）更新频率和互动不足。

在抖音平台，日更内容更容易诞生爆款。马太效应在抖音同样存在，即知名度越高的账号越容易实现流量积累。相比之下，那些运营时间短、缺乏助推力的账号，对用户的吸引力比较低。

为了提高爆款内容出现的概率，餐饮品牌可以选择在固定时间上传优质内容，注重培养用户的观看习惯。此外，品牌方还要注重与用户之间的互动。

综上所述，餐饮店要着眼于自身产品的打造及整体的运营，修炼好内功，才能抓住营销机遇取得最终的成功。

营销：餐饮品牌引流转化的策略

◆紧跟潮流热点

抖音每隔一段时间就会推出一些热门音乐、视频内容，餐饮店可及时关注这些内容并进行模仿，以最直接的方式吸引用户关注，如在抖音红极一时的“海草舞”，经抖音传播广为流传的民谣《纸短情长》等。餐饮店不妨利用这些热门内容来吸引用户，扩大流量基础。

在具体推广过程中，餐饮店可以让员工在营业期间跳抖音流行舞来吸引顾客目光，或者让发单员穿上布朗熊的人偶服装为过往顾客派发传单；餐饮店的抖音号可以在平台上发布相关内容开展线上营销。用户在关注到这些内容后，就可能对这家店产生兴趣，产生到现场体验的想法。

只有在具备足够的技术条件的情况下，餐饮店才能对抖音的热门内容进行模仿。虽然这种运营方式要求商家投入较高的成本，但的确能有效提高餐饮店对用户的吸引力。

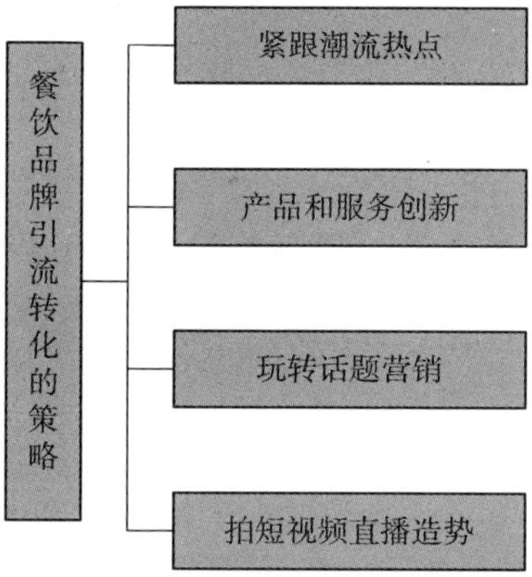

图17-5 餐饮品牌引流转化的策略

◆产品和服务创新

CoCo青稞布丁套餐在抖音走红后，成为很多年轻人追捧的对象，海底捞的DIY四宫格清水锅推出抖音新玩法后，也受到诸多消费者的青睐。由此可见，商家利用抖音开展店铺推广，能够使自己的餐饮店从众多同行中脱颖而出。

进行产品和服务创新是餐饮店提高竞争力的有效手段。具体而言，商家可以给顾客提供更多自由选择的空间，让顾客按照自己的偏好选择产品的口味、色调等进行组合与搭配，并推出多元化的餐饮模式，从口感、心理等多方面满足消费者的期待。

商家可以通过两种方式在激烈的市场竞争中占据优势地位：一种是靠

产品本身制胜；另一种是进行服务创新。无论是哪一种方式，都要根据需求开展自身运营。也就是说，餐饮店要探索出符合消费者需求的经营模式，吸引消费者主动上门。

◆玩转话题营销

从社交层面来看，只有具备“话题性”的内容才能吸引人们的广泛参与。但热门话题并非随处可见，很多情况下，即便商家抓住了热门也会被淹没在众多模仿者之中。在这种情况下，餐饮店可以尝试自己制造热门话题，发挥顾客在营销中的推广作用。

具体话题可以是“周末去××店来一场浪漫邂逅如何？”“××店的小姐姐对你微笑了吗？”商家可通过制造话题吸引用户参与，利用趣味性话题聚集流量。从用户的角度来分析，如果身边的人都在讨论同一个话题内容，为了融入大众群体之中，他们也会以消费者的身份参与到体验中来。

除制造话题之外，餐饮店也可以在抖音平台发起话题挑战活动，例如，以创意吃法为主题，吸引顾客开发店内食品的新吃法，让他们以短视频的方式将内容发布到抖音平台上。如果他们发布的视频能够吸引足够多的用户观看，就为其提供优惠权益。通过这种营销方式，餐饮店能够吸引更多消费者参与到品牌推广中，迅速提高品牌影响力，进而提高店铺的经营业绩。

◆拍短视频直播造势

花椒直播、映客直播都有长时间的直播通道，与之不同的是，抖音只有短视频直播通道。而短视频直播是一种比较适合餐饮店的内容呈现方式。这种方式比较直接，能够突出主题，符合餐饮店的内容营销需求。举例来说，主打“活烧鲍鱼”“爆炒小龙虾”的餐饮店不妨将食品制作过程以短视频直播的方式发布到抖音平台，刺激观众产生前来店铺一尝美味的冲动。餐饮店在节日期间还可以推出主题活动，吸引更多用户前来参与。

除此之外，餐饮店还可以用短视频直播方式向观众呈现其发展历程和文化背景，让更多消费者了解店铺的员工管理方式、营销活动内容等，以文化元素打动目标受众。在抖音平台开展这类内容营销活动有利于餐饮企业进行品牌推广，在短时间内扩大品牌覆盖范围，激发观众的好奇心，吸引观众到店内体验。接下来，餐饮店还应推出系列营销活动，向进店顾客推荐在抖音走红的同款产品或组合套餐，鼓励顾客前往抖音平台发布自己的体验内容，在促进顾客消费的同时，实现线下反哺线上，让顾客参与到门店营销推广的过程中，进一步提高品牌的曝光度。

第 18 章

抖音+旅游：如何做好旅游业的抖音营销法

优质内容：旅游营销成功的基石

在抖音的加持下，西安、重庆等一批旅游城市的热度持续提升，游客量和旅游收入迅猛增长。尤其是用户在旅行过程中自发分享的实时短视频，对带动城市文化旅游收入增长具有极高的价值。

抖音热门“打卡”景点永兴坊位于西安城墙脚下，游客可以花5元钱买一碗古城米酒，喝完后将陶瓷碗摔碎，并大喊“碎碎平安”。事实上，“摔碗酒”是陕西南部岚皋县接待尊贵客人的一种仪式，而经过抖音的传播推广后，这一地域特色民俗文化逐渐被大众广泛认知。除永兴坊外，张家界天门山、济南宽厚里“连音社”、厦门鼓浪屿“土耳其冰淇淋”、重庆

"轻轨穿楼"等也是抖音热门"打卡"景点。

图18–1 "抖音+旅游"营销案例

这些景点借助抖音平台获得了极大的曝光。不过对于想要掘金抖音的运营者来说，不能局限于表面现象，而应深度分析事物的本质，剖析"抖音+旅游"玩法背后的成功因素。

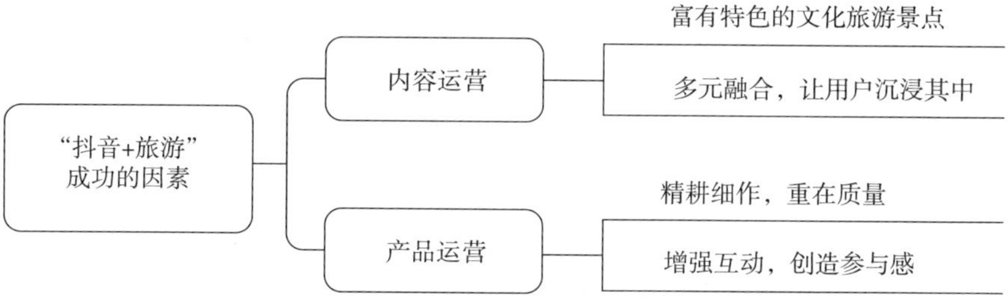

图18–2 "抖音+旅游"成功的因素

在内容营销时代，优质内容是抖音营销取得成功的重要基石。需要指出的是，此处的优质内容包含视频内容和产品运营两个维度。在视频内容维度上，优质的旅游短视频内容包含以下两个核心要素。

（1）富有特色的文化旅游景点。永兴坊“摔碗酒”、重庆“轻轨穿楼”等都极具特色，可以为用户提供独特的体验。

（2）多元融合，让用户沉浸其中。抖音为用户提供了丰富多元的特效工具，以及接地气、富有节奏感的抖音“神曲”。在此基础上，旅游营销人员可以在旅游短视频中融合科技、艺术、旅游、时尚潮流等元素，在不知不觉中促成交易转化。

在产品运营维度上，优质旅游短视频内容同样包含两点核心要素。

（1）精耕细作，重在质量。对短视频内容进行精心打磨，既是对用户的尊重，也是提高内容质量的重要保障，对粉丝量、播放量、点赞量等运营指标表现良好的旅游抖音号进行分析不难发现，与片面追求短视频内容数量相比，这些头部旅游抖音号更愿意牺牲数量确保质量，用精品内容引发用户口碑传播。

（2）增强互动，创造参与感。自媒体时代，用户比较抵触那些不重视与用户沟通，不主动倾听用户声音的商家。在这种情况下，提高旅游短视频内容的互动性，让用户通过模仿等方式参与其中，成为旅游营销人员的必然选择。

深度交互：唤醒用户身份认同感

重视社交性使抖音平台具备了较高的用户黏性与活跃度，也是抖音从激烈的市场竞争中脱颖而出的关键所在。抖音主流用户购买力较强，是旅游高价值客群，而且乐于接受新鲜事物，愿意在互联网中传播自己感兴趣的内容。一方面，他们积极分享记录美好瞬间的短视频内容，来吸引其他用户关注，并刺激后者传播分享。与传统的图文旅游营销方式相比，短视频旅游营销更加契合用户需求，可以让用户在信息量较为丰富的短视频画面中全方位了解景点信息。

另一方面，观看短视频的用户可以在评论区和内容分享者及其他用户互动交流，让景区名称、位置、出行攻略等营销信息自然而然地展现在评论区，为景区、酒店等带来更多的曝光量。更关键的是，各类抖音用户社群会使社群用户产生认同感、归属感，逐渐使其养成前往某景点“打卡”的习惯，实现旅游出行常态化。

作为短视频社交平台，抖音深谙互联网思维，通过模式与机制设计构建多方共赢的生态系统。在抖音旅游营销场景中，平台方、旅游景点、酒店、出行公司、营销人员、用户等都能从中受益。

例如，用户可以欣赏到各种新奇有趣的旅游短视频；营销人员可以通过优质内容吸引粉丝关注，在影响粉丝的过程中获得满足感、成就感；旅游景点和酒店将获得更多的客流量和经营收入，做好品牌建设；平台方可以通过出售广告位、与景区合作等方式完成价值变现等。

目前，西安、重庆等旅游城市的市政府已经将抖音作为城市推广的重要合作伙伴，通过制作抖音版城市短片、定制城市主题挑战赛、邀请抖音达人体验等玩法推广文化旅游资源。

为了满足广大用户的美好生活需要，抖音制定了“美好生活计划”，这意味着抖音将在旅行、时尚、运动、美食、宠物、游戏等领域投入更多的优质资源，抖音旅游营销也因此受益。

BEST法则：旅游爆款的四大元素

抖音平台的短视频营销能够迅速提高城市曝光率，但在通过抖音平台进行推广时，城市应重点体现自身的差异化特色，用标签方式来展示自身的独特性。

当代最著名的社会学家和都市研究的权威学者卡斯特尔在其著作《信息化的城市》中指出，除进行功能运转之外，符号标记的使用及保留、集体意志的形成与体现，也是判断城市存在的重要途径。

率先布局抖音的几个城市取得成功之后，会带动其他城市进行标签化推广，着重体现城市特有的生活方式，激发受众的兴趣，促使他们前往当地体验。此外，抖音平台采用的音乐元素能够进一步提高营销内容的感染力，西安“摔碗酒”的抖音背景音乐《西安人的歌》就是这方面的典型代表。

抖音、头条指数与清华大学国家形象传播研究中心城市品牌研究室共同发布的《短视频与城市形象研究白皮书》总结了城市推广的必备要素，称为“BEST”法则，包括四个元素：城市音乐（BGM）、当地饮食（Eating）、景观景色（Scenery）、科技感的设施（Technology），这几种元素结合起来可以很好地展示城市的综合形象。

通过分析不难看出，能够达到良好推广效果的城市，起码具备这四种元素中的三种：

内容发布者先在抖音平台输出爆款内容，后期形成长期稳定的内容运营，与此相似的是，城市推广也是先在平台发布爆款视频，然后从各个方面展现城市的标签化特征，两者都是从局部到整体逐渐提高品牌或城市的知名度，进而达到推广目的。在西安、成都、重庆的示范作用下，其他城市也打出了自己的标签，旨在打造旅游城市，例如，正定以“历史名城”为标签、南宁以“电动车之城”为标签等。

表18-1 “抖音+旅游”营销模式分析

<table>
<tr><th rowspan="2">城市</th><th rowspan="2">定位</th><th colspan="4">BEST</th></tr>
<tr><th>城市音乐（BGM）</th><th>本地饮食（Eating）</th><th>景观景色（Scenery）</th><th>科技感（Technology）</th></tr>
<tr><td>西安</td><td>历史悠久的北方古都</td><td>《西安人的歌》</td><td>摔碗酒、毛笔酥、羊肉泡馍</td><td>鼓楼、大雁塔</td><td></td></tr>
<tr><td>重庆</td><td>地形与设施完美结合的魔幻城市</td><td></td><td rowspan="2">火锅、凉粉、小面、抄手</td><td>山水削壁（悬崖秋千）立体的城市规划（洪崖洞）</td><td>李子坝地铁穿楼</td></tr>
<tr><td>成都</td><td>生活方式与民族符号的安逸城市</td><td>《成都》</td><td>民族符号（大熊猫培育基地）、生活方式（公园掏耳朵）</td><td>春熙路商业街</td></tr>
</table>

当某种模式的发展逐渐走向成熟时，同领域内的其他从业者会竞相使用，从而加剧市场竞争的激烈程度，这种模式对用户的吸引力会逐渐下降。从长远发展的角度来看，当采用BEST法则的城市数量不断增加以至于市场出现饱和情况时，城市推广怎样才能突破发展“瓶颈”？

内容生产者可以尝试在国际市场进行布局，在世界范围内展现城市的浓缩化核心特征及国际化标签，突出表现我国在长期发展过程中已经形成的民族标签，具体如中国功夫、中国菜、熊猫等，联手国内外优秀的内容生产者，助力城市推广。

近年来，世界各国都开始流行小视频文本形式，城市推广应该抓住这个机会拓展国际市场。不过走国际化发展道路对城市本身的要求比较高，这类城市要擅长与外宾进行沟通，具备足够的文化兼容性，还要寻找合适的海外KOL联手开展内容营销。只有具备这些条件，城市才有可能在海外推广中取得良好的效果。

营销启示："抖音+旅游"实战策略

具体而言，抖音对旅游营销的启示可以概括为以下几点。

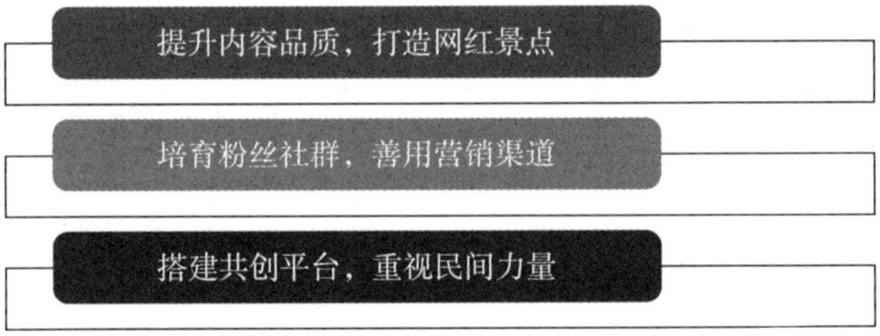

图18-3 "抖音+旅游"营销实战策略

◆提升内容品质，打造网红景点

在消费升级背景下，我国旅游业进入快速发展期，对旅游产品与服务品质提出了更高的要求。在抖音旅游营销短视频中，高品质、传播正能量的内容向来是用户关注的焦点。

数十条劣质短视频产生的播放量远不及一条精品短视频，景点营销同样如此，能够提供优质旅游产品与服务的景点的营收规模远超普通景点。所以，旅游营销的根本不在于玩法多么精妙，而是要修炼内功。

（1）重视旅游策划。营销人员要投入足够的时间与精力进行旅游策划，对现有资源与市场环境进行深入分析，倾听导游、景区工作人员、酒店服务人员以及广大游客的意见。

（2）提高景区旅游产品与服务质量。对标一流景区管理标准与配套设施，用品质赢得用户信任。

（3）重点突破。单点带动全域消费是旅游业的一个重要特征。永兴坊"摔碗酒"、鼓浪屿"土耳其冰淇淋"等抖音热门"打卡"景点给西安、厦门等城市带来整体收益。因此，旅游营销人员可以尝试打造一个富有特色、充满话题性的景点来带动整体营收。

◆培育粉丝社群，善用营销渠道

移动化、碎片化是移动互联网时代的重要特征，抖音等短视频平台的崛起很大程度上受益于此。一个产品取得成功后，竞争者蜂拥而至，抖音也不可避免地会遇到这种问题。为了破解发展困境，抖音在培育粉丝社群，鼓励用户传播分享方面投入了大量资源。

长期以来，抖音积极通过技术、服务支持，降低短视频生产、传播及消费门槛，让广大民众都能用短视频记录美好生活。在这种情况下，抖音逐渐积累了一批具有较高归属感和认同感的忠实用户，为平台持续稳定增长奠定了良好的基础。

旅游企业营销推广也应充分借鉴这一玩法，积极培养核心粉丝群体。当然，培养核心粉丝群体需要做好旅游产品定位，建立人格化的品牌形象，只有这样才能和目标用户建立情感连接，逐渐将其转化为核心用户。

与此同时，营销内容要具备更多体验价值，通过精美的旅游画册、富有创意的视频短片等更加贴合用户需求的宣传方式进行营销推广。此外，营销人员还要积极借助微信、微博、抖音、斗鱼等新媒体传播渠道，融入用户日常生活场景，实现更高的营销转化。

◆搭建共创平台，重视民间力量

抖音迎合互联网发展趋势，利用短小精悍的短视频将人、物、场景连接起来，建立了一个多方共同创造价值的平台，对大众的消费决策与行为产生了深远影响。抖音上既有意见领袖、人气明星，也有草根用户，而且草根用户贡献的内容、流量、创意的价值之大难以估量。

这提醒旅游企业一方面要以开放、合作的心态积极融入抖音等互联网企业建立的共创平台，借势发展。与此同时，有实力的旅游企业还要创建整合各方优质资源的共创平台，成为行业转型升级的推动者和赋能者。

【案例】旅游城市的抖音品牌营销战略

截至2019年1月初，抖音在国内日活突破2.5亿，月活突破5亿，对人们的日常生活产生了越来越深刻的影响。有些用户通过抖音欣赏各地知名景点的美丽风光，还有些用户在抖音内容的吸引下前往实地进行体验，很多意见领袖及用户在抖音发布内容时会显示地域标签。

从意见领袖的角度来看，这种方式能够拉近与粉丝之间的距离，吸引更多区域品牌前来寻求合作；从用户的角度来看，区域性内容能够满足他们对多元化信息的需求，丰富他们的消费形式。

近两年，西安“摔碗酒”短视频、重庆的8D魔幻奇观、成都的安逸生活视频在抖音广为传播，吸引了大批用户观看并到这些城市进行实地体验，有效促进了当地旅游业的发展，提高了这些地区的知名度。

图18–4 “抖音+旅游”营销案例

以具有浓厚西安特色的“摔碗酒”为例，最初这条短视频是用户自发上传到抖音平台，而随着视频在抖音上火爆以后，西安市旅发委、中共西安市委宣传部等政府部门和抖音达成合作，借助抖音全面促进西安文化旅游资源的宣传推广，进一步扩大西安在世界范围内的知名度和影响力。

据西安市文化和旅游局统计，2019年春节假日西安共接待游客1652.39万人次，同比增长30.16%，实现旅游收入144.78亿元，同比增长40.35%。其中，西安·大唐不夜城现代唐人街接待387.27万人次，同比增长235.59%；大雁塔文化休闲景区接待94万人次，同比增长71.53%；秦始皇帝陵博物院接待38.47万人次，同比增长4.64%；城墙景区接待15.49万人次，同比增长4.73%。可以说，抖音为西安带来了庞大的客流量和旅游收入，成为这座十三朝古都重现昔日辉煌的强大赋能者。

诸多数据表明，在抖音的强大传播能量下，重庆、成都、济南、青岛、武汉等国内著名的旅游城市借助抖音得到了极大的品牌推广。

与阅读传统图文内容相比，互联网用户特别是年轻用户更倾向于通过感染力更强的短视频了解信息资讯。通过在抖音观看丰富多元的城市旅游短视频内容，饱受生活与工作压力困扰的网民可以让心灵回归平静，产生亲近自然、拥抱自然、享受自然的需求，从而在闲暇时间和家人、朋友前往自己心仪的城市享受短暂的休闲时光，推动城市旅游经济快速发展。

在发展地区旅游方面，政府相关部门发挥了积极的推动作用。西安市旅发委于2018年4月携手抖音，从各个方面打造西安的旅游文化，在抖音推出达人深度体验、城市主题挑战、城市精彩短视频推介等活动。目前，入驻抖音平台的西安政府机构数量已超过70个。

2018年9月，成都市也与抖音平台达成合作关系，开始在抖音发布成都推广短视频，并鼓励广大人民群众积极参与其中，在抖音进行内容发布、传播及分享，打造一个更亲民的城市形象。与此同时，山东省多个城市也携手抖音，致力于打造全新的城市形象。

在通过抖音平台进行城市推广的过程中，政府部门从景观、风俗、文化、政府形象等各个方面进行形象重塑，旨在提高本城市在抖音平台上的知名度。通过开展内容运营，抖音为以旅游业为代表的传统行业的发展开辟了新道路，有效促进了当地经济的增长。

由此可以推测，未来短视频内容营销将被应用到更多领域，西安、成都等建立起来的城市推广模式也将为其他城市在抖音平台的布局提供参考经验。

第 19 章

抖音+影视：短视频时代的营销进阶

泛娱乐时代的影视营销模式升级

近年来，深受网民青睐的抖音等短视频平台已经成为大众娱乐生活的重要组成部分，吸引了各行业的广泛关注。有流量的地方就有广告营销。在抖音等短视频平台上，利用精品内容实现广泛传播，推动产品曝光量快速增长，助力品牌建设，已成为娱乐营销的一大主流玩法。

此前，娱乐营销以微博、微信为核心阵地。现阶段，短视频平台的强大引流能力使娱乐营销阵地发生重大转变。以娱乐营销的重要细分领域影视营销为例，2018年5月25日，MobData发布的《2018年电影人群研究报告》指出，25～34岁的年轻用户是观影主力军。而抖音用户正是以年轻用户为主，与影视营销目标用户存在较高的重合度。

在这种背景下，越来越多的娱乐营销人员将抖音等短视频平台视为营销重要渠道，希望通过抖音营销以更低的成本实现更高比例的转化。抖音对开展娱乐营销的价值是显而易见的。与电视广告、电梯广告等营销方式相比，抖音可以让娱乐营销人员直达用户，为品牌方与用户沟通搭建高效便捷的通道。更关键的是，抖音完善的内容生态可以进一步强化其营销价值。

明星、达人、草根用户都积极参与抖音内容生产、消费及分享。短视频内容能够成为爆款，除其本身的内容质量外，用户广泛参与传播、模仿也是一项重要因素。随着用短视频记录日常生活与工作中的美好瞬间成为主流趋势，抖音的娱乐营销价值将得到深度发掘。抖音之所以能创造大量娱乐营销经典案例，除依赖强大的平台基础之外，更关键的是其不断推陈出新的活力与生命力。

抖音平台上线至今，其运营力备受业内人士称赞，娱乐营销内容的广泛传播奠定了坚实的基础。在娱乐营销领域曝光度和流量是所有娱乐营销人员关注的核心指标。在图文时代，很多娱乐产品中的优质内容和核心卖点很难方便快捷地呈现在用户面前。而抖音平台UGC内容与PGC内容相结合的内容体系为这一问题提供了有效的解决方案。

抖音为优质内容的传播提供了巨大推力，其亿级用户和去中心化的算法机制可以让优质内容快速脱颖而出。而且那些具有较高趣味性、新鲜感的优质内容还会吸引广大用户模仿，从而进一步推动优质内容传播。

抖音官方也会参与到品牌的娱乐营销活动中，通过双方合作制作精致的短视频、联合发起话题挑战赛等方式，吸引用户关注，从而形成口碑传播。与此同时，抖音在与品牌合作时，尤其注重增强营销内容的互动性，让用户参与其中，打破内容与广告之间的界限，实现“广告即内容，内容即广告”。

为了与同质化产品有所区分，抖音还推出了多款版权BGM，并借助头条系的AI技术开展产品与服务创新。例如，2018年12月，抖音上线了电影购票小程序，符合条件的抖音号（初期仅支持营销号、电影账号、片中明星账号）可以在短视频与评论区添加购票小程序，让营销人员将流量直接转化为票房收入，打通商业闭环。

对影视作品来说，抖音的短视频形式与其存在共性。不仅如此，抖音平台拥有强大的流量基础，能够在短时间内实现信息的广泛传播，有效促进影视作品的推广。在认识到抖音的流量价值后，越来越多的品牌会选择在平台进行布局，抖音将逐渐成为品牌必选的内容营销平台，与此同时，品牌方还将与明星达成合作关系。

近两年，越来越多的明星入驻抖音平台，这些明星的入驻必然带来大量粉丝涌入。品牌方要充分认识到粉丝社群传播的重要价值。明星能够调动粉丝的积极性，吸引更多用户进入平台，在原有基础上扩大信息传播范围，带动更多用户参与。

很多社交平台的明星账号的内容不是由明星本人亲自发布的，而是由专业团队运营的，这类账号会发布很多商业化广告。相较之下，入驻抖音的明星会自己进行内容创作，在粉丝面前展示自己真实的生活状态，与粉丝展开高效的互动沟通。

很多热播影视作品的知名演员在抖音发布的短视频内容会受到用户的热烈追捧，就是因为他们在抖音平台展现的是自己生活化的一面，这也是众多观众感兴趣的一面。通过这些短视频，粉丝可以更了解自己的偶像，与其开展近距离互动。换言之，抖音拉近了明星与普通用户之间的距离。

抖音影视营销的主要优势与价值

随着移动终端不断普及，人们的注意力越发分散，用户时间呈现出明显的碎片化特征，长视频对用户的吸引力逐渐下降。根据卡思数据公布的《2017短视频行业白皮书》，短视频播放量在2017年的月增长速度达到了10%，成为人们选择的主要视频形式。

2018年暑期热播剧《延禧攻略》的单集时长为40分钟，看完70集就需要大约47个小时。在注意力愈加分散的当下，很多用户为了加快追剧速度，会集中观看精彩片段。为此，该剧开通了抖音账号，邀请主演加入抖音营销中，利用抖音的贴纸功能及用户生产内容进行持续性推广。另外，明星在抖音开展的内容营销也为影视作品转化起到了推动作用。主演们以剧集播放进度为基准，找到用户关注度较高的影视片段，按照抖音的风格特点进行二次创作。

举例来说，《延禧攻略》中纯妃的性格发生转变后，其饰演者王媛可在抖音上传了题为“一秒黑化”的短视频，吸引了众多用户观看，有效提高了影视作品的热度。根据抖音平台发布的数据，在《延禧攻略》播出期间，该作品进入抖音热搜榜的频次超过230次，与该剧相关的热搜词超过120个，原创视频“延禧攻略抖音天团”的观看数量超过28.2亿。

剧中主演还在抖音平台与用户进行互动交流，回答观众感兴趣的问题。虽然《延禧攻略》的总体剧集数量达到70集，但通过在抖音平台进行持续性推广，这部影视作品在播出期间始终是用户关注的热点。

图19-1 《延禧攻略》抖音营销

短视频观看对时间的要求更低，能够让人们在闲暇时间获取信息，满足娱乐需求。在观看精彩片段时对整体剧情产生兴趣，进而搜索片段所在剧集的用户也不少，这说明短视频营销能够吸引用户观看长视频，完成对长视频影视内容的推广。

很多影视作品会选择通过主流媒体渠道进行内容输出，这种方式难以体现自身的营销特色。从用户层面进行分析，传统的影视花絮或其他营销形式已难以激发观众的兴趣，只有个性化的内容才能吸引他们的目光。与此同时，单一流量阵容的市场竞争力也在不断下降。

另外，影视行业越来越多地依据用户的喜好进行内容推广。在传统模式下，该行业的内容营销以单向内容输出为主，抖音的影视营销改变了这种固有的方式，采用更受用户欢迎的形式进行内容推广。

抖音的影视营销能够让作品宣传更接近用户的兴趣点，促使用户自发进行内容分享，从而进一步扩大内容的传播范围。由此可见，抖音在影视营销领域能够发挥重要作用。在影视营销的过程中，品牌、明星及影视作品能够为抖音平台提供丰富的短视频素材，同时可以利用平台的社区生态调动用户参与的积极性，扩大影视作品的传播范围。

影视作品开通抖音账号、明星发布短视频内容，都能提高作品的知名度，促进热门话题的推广。此外，短视频的大范围传播能够扩大影视作品的宣传范围，使作品在播出期间保持较强的吸引力。

2017年12月上映的电影《前任攻略3》在抖音推出主题曲后，迅速成为该平台的热门背景音乐，很多用户参与了电影经典片段的演绎，使该片在抖音平台广为传播，迅速成为人们的关注焦点。

《前任攻略3》这部作品本身的投资规模并不大，也不是由知名IP作品改编而来的，而且作品在剧情创新方面没有突出的表现，但最终却斩获了近20亿的票房，这与该片在抖音平台的内容营销有很大的关系。

《前任攻略3》上映后，两首主题曲《体面》及《说散就散》在抖音推出，成为平台热门背景音乐，吸引了众多用户翻唱、分享。与此同时，抖音平台还发起了与该片相关的话题挑战赛，吸引众多用户参与并进行内容分享，迅速提高了影片的知名度，实现了票房的快速增长。

《前任攻略3》为影视行业在短视频平台的营销推广起到了示范作用。具体来看，影视作品推广者要把握住短视频营销的红利期，在短视频平台发布易于传播的话题内容，迅速提高作品知名度，吸引用户观看影视作品，达到增加票房或提高收视率的目的。2017年末，影视营销的成功带动了整个行业在短视频平台的布局。

图19-2 《前任攻略3》抖音营销

有人认为，影视行业的抖音营销能够取得成功只是机缘巧合，事实并非如此，抖音在影视营销过程中能够发挥自身的优势。社区能够将拥有共同兴趣爱好的用户集中到一起，以话题形式进行内容传播。在抖音建立起来的社区生态体系中，用户可以将自己对影视作品的看法、评论发表出来，或者对经典片段进行模仿，带动更多观众参与分享，吸引其他用户观看、评论，最终形成病毒式传播。

从品牌商的角度来看，在抖音平台开展内容营销，既能扩大品牌覆盖范围，又能在内容中添加更多娱乐化元素，广告信息与影视作品紧密结合在一起，能够有效提高观众对广告的接受度，树立良好的品牌形象。

在传统模式下，品牌商多采用贴片广告、中插广告的形式进行推广，但片方会对其推广方式提出各种各样的要求，最终效果往往不尽如人意。影视作品赞助品牌在抖音进行推广时，能够根据自身诉求进行多样化的内容输出。这种推广方式能够与影片广告相互配合进一步扩大品牌宣传，此外，品牌方还能根据剧情变化对热门话题进行把握，优化自身的营销方案。

品牌商利用热播影视作品的相关话题开展营销，能够让更多用户了解品牌信息，而且无须消耗过多成本。利用短视频进行推广，品牌商能够在良好的社区氛围中实现品牌理念的广泛传达，将品牌信息与影视内容融为一体，避免用户产生排斥心理。

现阶段，影视营销生态涵盖了影视作品、明星、品牌与社区四大板块，抖音的影视营销价值仍有待进一步挖掘。

基于抖音短视频的影视营销策略

目前，抖音影视营销的主流玩法包括以下几种：

（1）营销人员开通抖音号分享短视频内容。抖音号命名可以和电影名、主演、导演、影片角色等相结合，如《唐人街探案》系列、《捉妖记2》等都以影片角色命名，注册账号，在抖音平台开展营销。

（2）与抖音达人、明星合作，借助其庞大流量对影片进行推广。虽然这种方法效果较好，但成本较高。目前，顶级抖音达人的合作成本高达20多万元。

（3）与抖音官方合作，借助抖音平台的开屏广告、推荐、热搜、贴纸等广告位对影片进行推广。

从整体来看，适合抖音电影营销的短视频内容主要包括两大类：一是便于用户参与的易模仿类的内容；二是有创新元素的内容。当然，新鲜有趣的内容、富有情感体验的内容等，也能为影片带来较高的曝光量。

例如，《前任攻略3：再见前任》营销人员在抖音短视频中渲染失恋情绪；《西虹市首富》插曲《卡路里》以活泼动感的曲风、简单轻快的旋律使听众放松身心、缓解压力；《一出好戏》营销人员发布短视频引发用户对人性的思考等。

由于短视频内容比较简练，而且能够突出内容亮点，切中用户需求核心，可以迅速激发用户兴趣，在此基础上吸引用户参与内容生产及传播，迅速扩大内容覆盖范围。电影经典片段在抖音广为传播，成功吸引大批用户进行模仿及更大范围的推广，进一步扩大了影片宣传。

很多影视作品都开始在抖音进行推广，黄渤导演的电影《一出好戏》在抖音开展推广取得了极大的成功。该片推广曲《最好的舞台》在2018年春晚广受欢迎，其出品方及发行方光线传媒洞察了内容营销对影视作品推广的重要价值，开通抖音账号并邀请导演兼主演黄渤加入，推出以《最好的舞台》为背景音乐的舞蹈短视频，吸引了众多用户观看，视频评论数量达到2万条，点赞数量更是超过200万。

图19-3 《一出好戏》抖音营销

在电影上映前，抖音平台又推出一系列相关内容，包括新片发布会、电影插曲、电影预告片等，有效扩大了影片的宣传范围，最终，于2018年8月10日上映的《一出好戏》连续三天成为抖音搜索量最高的内容。《一出好戏》在抖音开通的官方账号，积累了600万粉丝，足以证明抖音影视营销的巨大潜力。

这部电影在抖音平台取得了良好的推广效果，说明抖音在影视营销领域拥有广阔的市场前景。在短视频越来越流行的当下，根据用户对娱乐化内容的要求，利用抖音营销突出表现影视作品的特色，进而促进作品推广的方式，逐渐得到了影视行业从业者的一致认可。近两年，很多影视作品都开通了抖音账号，纷纷根据平台特点在抖音进行内容营销，以期快速实现粉丝积累，提高作品的曝光度。

影视行业布局抖音的原因是什么？与之前采用的营销方式相比，抖音的影视营销能够解决哪些痛点？除此之外，还可以从哪些方面开发抖音的营销价值？

与抖音一样，影视作品也是视频内容，从内容形式上看，两者之间能够相互促进。由影视作品延伸出来的电影片花、微电影、作品推荐或评论等都是短视频的雏形。所以，对短视频平台来说，影视作品能够为其提供丰富的素材。以2018年热映影片《西虹市首富》为例，该片的插曲《卡路里》就十分适合作为抖音的背景音乐，抖音上线这首歌曲之后，用户使用次数超过81万次，以此音乐为背景的内容播放次数达到了3亿次，内容生产者中既有偶像明星，也有抖音平台的达人及意见领袖。用户的广泛参与扩大了内容宣传，能够取得理想的推广效果，抢占用户心智。

尽管抖音拥有强大的传播能力，但并非所有电影都应该将抖音作为营销重点，毕竟不同影片的受众群体存在一定的差异，抖音用户不能涵盖所有的影片受众。不合理的抖音营销不仅意味着资源浪费，还会给影片带来负面影响。从本质上看，所有的电影营销都应该服务于影片内容，脱离影片内容的营销活动很难取得预期的效果。

随着短视频营销成为一种主流营销模式，内容本身的价值进一步凸显，电影营销人员要想在海量同质化内容中抓住目标受众注意力，必须做好对营销内容质量的把控。不难发现，近两年，猫眼、美团等线上购票平台对用户票补力度明显降低，电影市场开始回归内容为王时代，短视频营销也是如此。当用户对短视频的新鲜感消失后，想要留住用户必然要保障内容有过硬的质量。

从表面上看，不同电影开展抖音营销的策略也不同，但它们无一例外地都在内容方面投入了大量时间与精力。因此，虽然技术革新与市场环境变化为电影营销带来了新渠道、新玩法，但通过优质内容赢得用户认可与支持的基本逻辑始终不会改变。

【案例】“抖音+影视”模式的探索与实践

得益于移动互联网的大规模应用，短视频在短短几年时间内就实现了快速崛起。2017年，短视频内容输出以PGC内容生产者为主。2018年，各大短视频平台点燃了大众参与热情，UGC内容实现爆发式增长。

凭借低门槛、低成本、易传播等优势，短视频平台渐成电影营销新阵地。2018年暑假期间，多部热门电影宣发方在抖音上开展了营销尝试，例如，《我不是药神》宣发方在抖音发起了“我不是药神徐峥”话题挑战活动，相关短视频播放量达417.8万人次；《狄仁杰之四大天王》宣发方发起“唐朝男友情话reaction”话题挑战活动，相关短视频播放量达4672.7万人次，同时，宣发方还与抖音平台合作，推出了“亢龙锏”独家贴纸，仅6天时间就有2.8万人使用。

图19-4 “抖音+影视”营销案例

人气明星自带流量的特质，使其很容易在抖音平台获得广泛关注。陈赫、杨颖、迪丽热巴等人气明星在抖音上皆拥有上千万粉丝，抖音萌宠猫咪“刘二豆”的抖音号“会说话的刘二豆”粉丝量达4637.6万。《唐人街探案》中的角色“秦风”在抖音上拥有116.4万粉丝，是抖音热门电影角色之一。从诸多实践案例来看，与人气明星合作在抖音平台开展影片营销与推广往往能取得很好的效果。

模仿影片剧情、台词等的趣味短视频也是抖音用户关注的热点内容之一。所以，部分电影营销人员通过在抖音平台分享演员模仿影片剧情、台词的短视频获得了极大的曝光。如《邪不压正》宣发方在抖音平台分享了该影片主演彭于晏模仿《阳光灿烂的日子》中的一段台词——“我喜欢你！”“你说什么？”“我车掉沟里了”的短视频，获得了很好的传播效果。

更关键的是，影片主演模仿类短视频非常容易吸引抖音用户模仿，能够通过用户社交圈实现病毒式传播。好玩有趣的短视频作品打破了广告和内容之间的边界，可以有效增强内容互动性、传播力，吸引用户广泛参与，并给用户带来优良体验。实践证明，互联网用户，特别是年轻的互联网用户对创意广告有极高的接受度。

在抖音平台上和人气明星合作推广电影作品确实可以提高曝光量和转化率。但抖音是一个去中心化的平台，普通用户分享好玩有趣的短视频作品也能收获大量关注。因此，电影营销人员不必对人气明星过度依赖，将更多的时间与精力放在短视频内容本身，确保内容的趣味性、互动性、参与感，为用户提供优质的短视频内容，也能取得不错的传播效果。

第20章

抖音+车企：汽车营销玩出“抖音范”

战略布局：构建汽车营销闭环体系

2016年上线以来，抖音短视频在国内App领域快速崛起，产品与用户之间的互动呈现出全新的特点，给内容运营者创造了更多的发展机遇。现阶段，越来越多的用户选择用短视频记录自己的日常生活，并将短视频与其他用户分享，满足自身的社交需求。

日渐流行的短视频对很多领域都产生了影响，汽车行业也不例外。抖音官方的数据统计结果显示，到2018年底，抖音有超过1.1亿用户是汽车类账户粉丝，汽车内容发布量超过104万条，日均播放量超过11亿。

用户的时间是App竞争的焦点。2018年，抖音的用户规模、用户使用时间及日活跃用户量都取得了亮眼的成绩。对于汽车营销来说，最关键的就是找到用户。

◆抖音短视频的高效性

高效性是抖音短视频的一大优势。研究表明，2016年用户平均持续注意力的时长为12秒，到2028年这个数字将降至8秒。在用户平均持续注意力的时长较短的情况下，短视频不仅要具备娱乐性，还要以高密度的信息来吸引用户注意。利用智能分发技术，抖音能够迅速精准定位用户群体，提升内容分发效率。另外，成本和效率息息相关，只有提升效率，才能实现低成本运营。

◆基于大数据的用户洞察

用户洞察是营销从业者始终关注的重要因素。在大数据诞生之前，平台运营方只能凭借主观经验进行用户分析。而抖音在获取海量用户数据的基础上，能够对用户特征进行精准的分析与把握。

数据统计结果显示，在抖音平台上，每天给汽车内容点赞的用户超过3000万，汽车兴趣用户在总用户中的占比接近10%。基于这些数据，抖音能够有效提高营销的针对性。虽然其他平台也有类似功能，但因为缺乏用户基础，即便掌握了精细的数据，竞争力也远不及抖音。

◆抖音的汽车营销生态

2018抖音汽车行业年度盛典上公布的战略实施数据表明，目前，抖音平台已经在汽车营销领域形成了较为完善的生态体系，在汽车营销场景打造方面也初见成效。营销活动的开展离不开场景的支撑，在汽车营销生态建设方面，抖音采取了如下行动：

在内容生态方面，数据统计结果显示，与2018年1月相比，到2018年11月，抖音平台上搜索汽车内容的用户增加了636%，汽车内容上传数量提高了3491%。用户生产内容、专业生产内容、品牌生产内容都体现出独有的风格。另外，企业蓝V账号的推出也促进了汽车内容的增加。除发布内容之外，抖音平台还能获取数据、转化流量、与用户沟通。

另外，抖音还推出了汽车营销所需的新产品，能够为营销方在数据收集、流量积累、口碑打造、粉丝运营等方面提供全方位支持。在各类新产品中，超级品牌馆尤其值得期待。抖音平台将为这个超级品牌馆提供足够的流量支持，并通过超级品牌馆将数据、用户、口碑连接起来，把专业生产内容、用户生产内容、产品信息整合到一起，并为用户提供汽车预约、价格咨询等服务。也就是说，通过超级品牌馆，抖音平台能够满足用户的多元化需求，全方位地为汽车品牌方服务。

内容生态建设与平台发布的新产品能够集中体现出抖音在汽车营销方面的价值。那么，汽车企业如何在抖音平台开展营销活动呢？

一方面，汽车企业要明白，传统的营销传播方式已无法满足新时代的发展需求。随着市场及营销传播环境不断变化，营销传播领域呈现出新的特点。目前，汽车市场的热度明显下降，短视频应用逐渐流行开来，受到众多用户的追捧，传统模式下形成的用户线上习惯逐渐被打破；另一方面，在短视频的影响下，人们对汽车品牌产生了新的认知，单向的品牌传播方式对用户的吸引力明显下降，短视频营销则被越来越多地应用于产品和品牌传播。

抖音范：口碑视频化营销阵地

2018年12月27日，抖音举办了2018抖音汽车行业年度盛典“抖转·心移”，在活动中启动“抖音范”汽车营销，对抖音在汽车领域的布局进行了具体阐述。有人认为，所谓“抖音范”的汽车营销，只不过是在抖音平台上传汽车短视频，或者直接在抖音投放视频广告，这是一种非常片面的理解。

事实上，汽车抖音范营销由流量“抖音范”、口碑“抖音范”、数据“抖音范”、粉丝“抖音范”、转化“抖音范”共同构成。

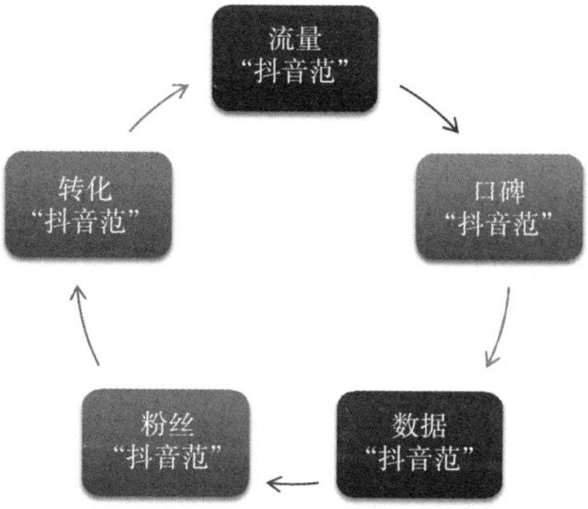

图20-1 汽车抖音范营销

◆流量“抖音范”

抖音平台的流量包含公域、私域、商域三个层次。运营方需要将这三个层次的流量打通，通过实施精细化运营达到营销目的。以往品牌营销方要经历用户注意力获取、兴趣激发、需求引导三个环节，才能让用户做出最终的消费决策。品牌利用抖音平台开展产品营销，能够带给用户更加直观的体验，向用户推送符合其需求的信息，拉近与用户的距离，从而降低营销难度，简化营销过程。

◆口碑“抖音范”

汽车品牌对口碑的重视程度较高。口碑在汽车消费决策中发挥着重要作用。在传统模式下，品牌方主要通过图文方式进行信息传播。利用抖音平台，汽车品牌可以用视频方式进行信息扩散，通过大数据分析锁定目标用户，开展精细化的内容运营，在促进用户间互动的同时，建立良好的口碑。

◆数据“抖音范”

数据洞察是品牌方关注的重点。数据洞察贯穿了抖音营销的整个过程，具体如营销前期的数据分享、营销过程中的数据获取与追踪、后期的数据统计，以及平台为品牌方提供的各类数据分析。

◆粉丝“抖音范”

除信息传播外，抖音平台还能将分散的用户集中到一起，实现粉丝积累。利用抖音推出的企业蓝V，品牌方能将内容和用户整合起来，进而沉淀忠实用户。超级品牌馆在这方面的作用尤为突出。从某种程度上说，抖音平台的价值集中体现为实现品牌与用户之间的沟通与互动，满足用户需求并接受用户反馈。毕竟，在移动互联网普遍应用的当下，对品牌方来说，最重要的就是与用户建立连接。

◆转化“抖音范”

在聚集用户、实现信息触达、连接用户之后，抖音能够进一步挖掘流量价值，为用户转化打下坚实的基础。用户可通过多种渠道接触抖音平台的超级品牌馆，通过品牌方在平台推出的预约试驾等服务，成为品牌的消费者。

概括来说，“抖音范”汽车营销能够从流量、口碑、数据、粉丝、转化多个方面入手实现最终转化。抖音计划于2019年在汽车营销领域展开大规模布局，并为此投入大量资金。举例来说，抖音推出的新广告产品DTV，在广告视频播放时长达到5秒后才开始计费。利用这个产品，品牌方可获得诸多益处。

（1）增加曝光价值。这类广告视频是用户主动选择观看的，播放时间超过5秒后，用户通常会继续观看，这意味着广告的完播率较高，可以增加曝光价值，能够吸引众多品牌参与。

（2）提升用户质量。第三方研究表明，抖音DTV聚集的用户通常具有更高的转化率，这种方式投放的广告更容易吸引用户参与互动。

从内容角度看抖音范汽车营销

内容在营销和运营中都发挥着不可替代的作用。那么，汽车行业的“抖音范”营销如何进行内容打造？抖音平台迅速增加的汽车内容搜索量表明，用户对汽车内容存在大量需求，为了满足他们的需求，平台及品牌方要提高自身的内容运营能力。那么，品牌想让自己的汽车内容从众多抖音内容中脱颖而出，需要在内容生产环节注重哪些因素呢？

在进行品牌营销时，运营者应该对抖音平台的用户热点进行把握，将营销信息与热点相结合，提高营销内容对用户的吸引力。

◆产品如何紧跟热点创作?

（1）根据产品卖点，选择与之相符的抖音热门背景音乐，以视频的形式突出表现汽车的优势。

（2）使用抖音平台的热门功能。合拍功能深受用户青睐。用户可以从抖音平台选择热门视频，将其与自己拍摄的视频合并。汽车品牌可以与抖音达人合作，邀请他们将汽车营销视频与自己制作的视频合拍发布到抖音平台，利用达人的粉丝效应带动汽车品牌及产品推广。除此之外，品牌还可以借鉴热门视频的创意与视频拍摄方式来突出表现汽车产品的卖点。

◆如何玩出"抖音范"

一般情况下，"抖音范"内容具备三大特征：展现真实的自己；积极向上、能够让人产生期待；年轻化、对生活充满热情。那么，如何才能生产出"抖音范"内容？

（1）用竖屏代替横屏。将横屏内容用竖屏方式来呈现并不难，广告主还能在屏幕上添加更多品牌信息。如果将竖屏划分成多块横屏，就能从不同维度来展示汽车产品。

（2）用动态取代静态。传统的海报宣传方式是静态的，如果采用抖音的动态特效功能，结合后期视频处理，就能以动态方式开展内容营销。

（3）增加画面的生动性。短视频缺少了背景音乐，内容表现效果就会大打折扣，所以运营人员要围绕特定的音乐节奏进行内容生产，以增加画面的生动性。

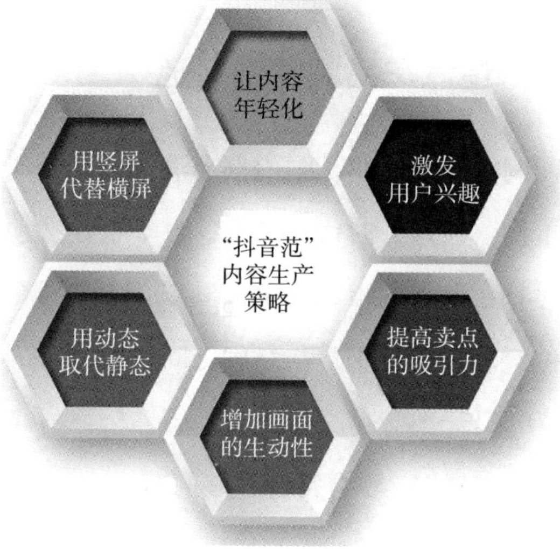

图20-2 “抖音范”内容生产策略

（4）提高卖点的吸引力。很多品牌方用视频展示产品卖点的方式缺乏灵活性，无法吸引用户观看。要想聚焦用户的注意力，就要采用符合用户偏好的方式进行内容呈现。所以，汽车品牌开展抖音营销时，应该着重进行场景打造，将营销信息融入故事，贴近用户的日常生活。

（5）激发用户兴趣。相较于迎合用户，如果品牌方发布的内容能够表达用户的诉求，更容易受到用户追捧。所以，汽车营销应该独立生产热点内容，进一步提升用户体验，满足他们对新鲜事物的追求。

（6）内容年轻化。无论是什么类型的品牌，都要根据抖音平台的特质，生产年轻化的内容。

近年来，迅速发展的抖音短视频推动汽车行业改革传统的营销方式，

“抖音范”的汽车营销逐渐普及。在人工智能等先进技术的作用下，越来越多的汽车企业将在抖音平台展开布局，推出更多汽车营销新玩法。

【案例】宝马：打造汽车品牌营销典范

随着移动互联网的普及应用，国内汽车消费市场呈现出新的特点，整体营销生态得以重构。在这种时代背景下，汽车企业必须对传统的营销方式进行改革。面对日益激烈的市场竞争，汽车企业怎样在短时间内对目标用户进行精准定位？怎样拉近用户与品牌之间的距离？怎样通过开展内容营销实现品牌价值的提升？

针对这些问题，BMW X3联合抖音开展的营销为汽车行业带来新思路。为了给新产品BMW X3造势，宝马于2018年6月15日在平台发布微电影《神奇爸爸》的预告视频，该片主演为实力派演员赵又廷和宋佳，出品方为宝马，选择了平台信息流4-1的位置，结合抖音开屏广告方式，打造全新BMW X3超级BigDay。宝马开通抖音品牌主页的行动，也标志着该品牌正式进军短视频营销领域。

一个月之后，宝马又一次与抖音携手，在平台发布《神奇爸爸》正片剪辑的短视频内容。数据统计结果显示，该内容的曝光次数高达1.35亿，观众点赞数量达53.5万，曝光达成率254.54%。在视频中，当红影视明星赵又廷饰演的英雄角色驾驶BMW X3出现在大众视野中，达到了品牌营销的目的。此次短视频营销成为整个汽车行业实施短视频营销的典范。

◆宝马&抖音：开启短视频营销战略

因为品牌在抖音平台的第一次营销取得的效果十分理想，在BMW X3进军抖音平台一个月后，宝马又一次在抖音发起了营销活动，在平台发布微电影的剪辑版内容。宝马于2018年6月向市场推出新产品BMW X3。出于推广新产品的目的，宝马在抖音进行了广告投放，这是汽车行业在短视频领域的第一次尝试。品牌方精心生产的内容，采用符合抖音平台的内容呈现方式，加上赵又廷、宋佳的明星效应，最终获得了极大的品牌曝光，强化了用户与品牌之间的互动，并且实现了粉丝积累。

图20-3 宝马X3抖音营销

开屏广告结合信息流4-1位置的选用，有效提高了宝马抖音营销内容的播放量，并带动了大量用户参与到视频点赞、评论及转发中，营销短视频的互动率高达6.82%，明显超出行业平均水平。不仅如此，高质量的内容还为宝马的抖音品牌主页带来了大量用户。数据统计结果显示，该视频发布后，“宝马中国”抖音品牌主页的粉丝增加到了26.8万，宝马新车型BMW X3的搜索指数提高了40.55%，有效扩大了品牌覆盖范围。

如此卓越的成绩足以证明抖音在营销领域的巨大价值。目前，越来越多的广告主选择在短视频平台进行内容推广，以竖屏、强互动的形式进行内容呈现，致力于充分发挥短视频的营销价值。

BMW X3之所以在抖音进行新车推广，也是因为抖音平台与该产品的受众群体具有较高的一致性。BMW X3锁定年轻的商务成功者、职场精英，这部分用户在抖音用户中占比较大，两者在用户群体方面存在很大的交集，为合作奠定了坚实的基础。

◆强强联合：深挖抖音平台的营销价值

在与宝马的第二次合作中，抖音从各个方面为品牌提供了营销支持，让用户又一次见证了抖音平台的营销价值。

《神奇爸爸》这部微电影以双线方式展开故事，影片中，一边，赵又廷饰演的爸爸既要处理繁杂的工作事务，又要给孩子必要的陪伴；另一边，从孩子的视角出发，描述了自己眼中的父亲如同一个无所不能的“超级英雄”。BMW X3将这两个角色连接在一起，既表现出产品的优秀性能，又准确地阐释了BMW X3的价值理念，即提倡人们在生活与职场中承担自己应尽的责任，做到“无处不担当”。

图20-4 宝马X3微电影《神奇爸爸》

宝马与抖音的第二次合作选择在平台发布《神奇爸爸》的正片剪辑内容，以更完整的故事情节吸引用户观看。数据统计结果显示，与前一次在平台发布的影片花絮相比，第二次上传到抖音的短视频3秒有效播放率达到33.63%，播放次数超过1.28亿。与此同时，这条短视频的互动率达到3.63%，用户评论与转发次数达7800次，点赞数量达53.7万，说明这次合作的内容对用户具有更高的吸引力。通过两次营销，宝马的抖音品牌主页“宝马中国”也聚集了大批用户，粉丝规模达39.6万，总体访问量超过106万。

抖音与宝马的成功合作足以证明抖音在生产爆款内容方面具有强大的能力，也体现出抖音庞大用户基础蕴藏的巨大流量价值。随着抖音用户数量持续增加，平台内容越来越丰富，用户类型也呈现出多元化的特征。除时尚、潮流之外，其他一些与美好生活价值理念相符的内容也纷纷出现在抖音平台，进一步丰富了抖音的内容生态，为抖音未来的营销布局提供了更多机遇。

从品牌发展的角度来看，目前，宝马正针对年轻消费者群体推出更多车型，并将中国作为重要的市场。抖音拥有强大的用户基础，而且多为追求自我价值、勇于创新的年轻人，能够为品牌聚集目标用户群体提供助推力量。

◆营销新典范：汽车品牌年轻化营销升级

在消费升级时代，人们的消费理念、消费选择都发生了变化，除质量、性能之外，还会关注汽车的品牌理念。不仅如此，消费者在信息传播中的地位明显提升，会根据自身需求及偏好进行主动选择。所以，汽车品牌要改革传统的营销方式，增进与用户的沟通互动，提高用户参与的积极性。

凭借庞大的用户基础，抖音能帮助品牌实现有效的信息触达；通过在平台发起挑战，抖音能吸引用户参与互动，为品牌开发新用户提供流量支持；利用平台的官方认证功能，抖音能为开通抖音号的品牌方提供足够的保障，让企业在与同行竞争的过程中体现出独特的优势。

汽车品牌要勇于改革传统的营销思维，抓住短视频营销的机遇，在抖音平台开展内容运营，打破单一营销渠道的限制，逐步扩大品牌覆盖范围，以高品质汽车产品吸引用户。宝马与抖音成功携手，为汽车品牌的抖音营销树立了榜样，也证明了抖音在汽车品牌营销方面的价值。

宝马是一个具有世界级影响力的汽车品牌，该品牌在营销方面始终保持敏锐的洞察力，不断开拓新的营销方式。随着信息不断泛滥，用户的注意力越来越分散，汽车品牌在营销过程中需要对目标受众进行准确定位，实现品牌信息的高效触达，以精细化的内容运营打动用户。

凭借突出的优势力量，抖音短视频运营成为新时代背景下汽车行业进行营销改革的理想选择。具体来说，抖音利用先进的内容分发机制开展个性化内容推送，为用户提供符合其需求的内容，并以生动、鲜活的内容呈现方式吸引用户参与到互动中，实现品牌与用户的连接。另外，抖音品牌主页能够将分散的用户集中到一起，帮助品牌实现粉丝积累，逐步建立良好的口碑。

在品牌营销方面，抖音平台不仅能通过爆款内容传播在短时间内提高品牌曝光率，还能与品牌达成稳定的合作关系，开展长期运营。与宝马的合作使抖音平台的传播优势及营销价值得以充分发挥，而宝马也在短视频营销领域展开了布局，开辟了内容营销新路径，提高了品牌的影响力。二者强强联手，为汽车品牌的营销改革提供了有益的借鉴与思维启发，为汽车行业的营销发展开辟了广阔的道路。